Was können wir tun, um Kindeswohlgefährdung insbesondere sexuellen Missbrauch zu verhindern?

Eine Auseinandersetzung mit dem neuen Bundeskinderschutzgesetz 2021

D1718390

Die Autorin

Maia, Steinert ist seit fast 40 Jahren als Rechtsanwältin, Fachanwältin für Medizinrecht, Fachanwältin für Urheber und Medienrecht vorwiegend im Bereich des Patientenschutz tätig. Sie ist eine der wenigen Anwältinnen, die Behandlungsfehler auch in den Fachgebieten Neurologie, Psychiatrie, Psychologie und der Verhaltenstherapie erfolgreich bearbeitet.

Sie verfasste mehrere juristische Leitfäden innerhalb ihrer Spezialgebiete so auch des Patientenschutz, um Mandanten die Zusammenarbeit mit dem Anwälten und Anwältinnen zur Durchsetzung eigner Ansprüche zu erleichtern und die Arbeit des Anwalts/ der Anwältin transparent zu machen.

Bei dem vorliegenden Buch handelt es sich um das 6. Buch, welches sich mit juristischen Problemen beschäftigt.

Wer die Form beherrscht,
darf sie auch mal verlassen.

Wer den Goldstandard seiner Professur
souverän beherrscht, darf auch mit guten
Gründen von ihm abweichen.

Jede Handlung bleibt immer noch eine
Einzelentscheidung, man hat immer die Wahl.

Inhaltsverzeichnis

Einleitung

Das Bundeskinderschutzgesetz und die entsprechenden Landes-
gesetze 2021/2022 bieten nicht die notwendige Grundlage, um
Kindeswohlgefährdungen - insbesondere Kindesmissbrauch und
sexuelle Gewalt an Kindern - wirksam zu begegnen. Um diesen
Mangel zu beheben, schlage ich Folgendes vor:

Es bedarf einer besseren Qualifizierung der Personen, die mit Kindern arbeiten. So sollten Erzieher:innen und Sozialarbeiter:innen
bundesweit akademisch geschult werden, beispielsweise an wissenschaftlichen Einrichtungen wie Fachhochschulen und Hoch-
schulen. Sie sollten einheitlich mit den neuesten und einschlägigen
Publikationen aus den Fächern Psychologie, Soziologie, Sozialwissenschaften und Erziehungswissenschaften vertraut gemacht
werden. Es bedarf klarer, von Fachleuten modifizierter, allgemeingültiger Definitionen von Erziehungszielen und Erziehungsmetho-
den in jedem pädagogischen Bereich. Es muss justiziable Leitlinien
und pädagogische Standards geben, nach denen pädagogische
Fachkräfte zu handeln haben, wollen sie mit Kindern arbeiten. Es
muss klar definiert sein, was von Pädagog:innen zu erwarten ist und
welche Erziehungsziele und -methoden als fehlerhaft sanktioniert
werden sollten. Es geht darum, klare Handlungsmaxime und justiziable Standards festzulegen. Nur in diesem Rahmen hat sich Pädagogik aufzuhalten.

Demgemäß sollten das Kindeswohl und die Kindeswohlgefährdung
- insbesondere der Kindesmissbrauch - klar definiert werden, um
die drängenden Fragen zu klären: Wie kann er erkannt werden?
Welche Anzeichen für und Hinweise auf Kindesmissbrauch sollte
jeder Mensch kennen, der regelmäßig mit Kindern arbeitet? Hinweise und Anzeichen der Kindeswohlgefährdung müssen für diese
Berufsgruppen im Lehrplan als Pflichtfach und/oder für Ehrenamtliche als Zulassungsvoraussetzung (neben dem erweiterten Füh-

rungszeugnis) aufgenommen werden. Darüber hinaus gilt es, diese Kenntnisse regelmäßig aufzufrischen, um einen Verdachtsfall zügig und sicher erkennen zu können.

Die Hinweise auf Kindeswohlgefährdung und Kindesmissbrauch müssen so klar definiert werden, dass sie als reaktionspflichtige Befunde zu deklarieren sind. Wobei die gebotene Reaktion die Meldepflicht an das Jugendamt ist. Berufsgruppen und Ehrenamtliche, die mit Kindern arbeiten, müssen daher verpflichtet werden, dem Jugendamt Verdachtsfälle zu melden. Das bestehende Mitteilungsrecht reicht nicht aus.

Zusätzlich sind die Eltern zu verpflichten, ihre Kinder für die U-Untersuchungen dem Kinderarzt oder der Kinderärztin vorzustellen (U1 direkt nach der Geburt bis U10 im 7./8. Lebensjahr). Kinderärzt:innen müssen geschult werden, den anal-genitalen Bereich ebenfalls zu untersuchen und die typischen körperlichen Anzeichen einer Kindeswohlgefährdung - insbesondere eines Kindesmissbrauchs - zu kennen. Ärzt:innen müssen verpflichtet werden, die Nichtvorstellung der Kinder und körperliche Hinweise auf Vernachlässigung und sexualisierte Gewalt dem Jugendamt zu melden.

Die Nichtzuführung von Kindern zu den U-Untersuchungen muss als Gefährdung des Kindeswohls eingestuft werden. Eltern, die ihre Kinder gar nicht an den ärztlichen Untersuchungen teilnehmen lassen, müssen vom Jugendamt kontrolliert werden. Der Hausbesuch muss insoweit als Pflicht des Jugendamtes installiert werden.

Verstoßen die mit Kindern arbeitenden Berufsangehörigen gegen diese Pflichten, ist dies ebenso als Kindeswohlgefährdung und gegebenenfalls als ein Verstoß gegen die pädagogischen Berufs-

regeln zu werten. Als solcher ist er als pädagogischer Handlungs-
fehler zu beurteilen und muss zu Sanktionen führen, zum Beispiel
in Form von Auflagen, Geldbußen und auch mit dem Berufs- und/
oder Tätigkeitsausschluss.

Ferner bedarf es der flächendeckenden Einrichtung von Spezialab-
teilungen, etwa Missbrauchskonferenzen oder Kinderschutzgrup-
pen in multiprofessioneller Teamzusammensetzung, zumindest in
den größeren Jugendämtern. Diese besonders geschulten und auf
Kindesmissbrauch spezialisierten Fachleute (beispielsweise Ärzt:in-
nen, Pädagog:innen oder Psycholog:innen) sollen die zügige, effektive und professionelle Prüfung eines Verdachtsfalls sicherstellen.
Unbedingt ist zu vermeiden, dass ein betroffenes Kind durch un-
professionelle Befragung und Befragung des Umfelds noch zusätzlich leiden muss. Hat eine mit Kindern arbeitende Person einen
Verdachtsmoment, darf sie die ersten Gespräche zur Eruierung
ihrer Bedenken selbst führen. Danach sollte aber umgehend das
Jugendamt eingeschaltet und ‚der Fall' an die Expert:innengruppe
übergeben werden. Fühlt sich die Pädagog:in vor Ort dem Erstge-
spräch nicht gewachsen, darf sie bereits zu diesem Zeitpunkt auf
die Expert:innengruppe zurückgreifen.

Diese Pflichten sollten in den Bundes- und Landeskinderschutz-
gesetzen verbindlich verankert werden, um eine Vereinbarkeit mit
Paragraf 323 c StGB (Unterlassene Hilfeleistung) zu sichern. Ebenso
sollte bei inhaltlichen Überschneidungen auch Paragraf 8 a SGB VIII
(Schutzauftrag bei Kindeswohlgefährdung) entsprechend ausge-
legt werden. Die einschlägigen Gesetze müssen ineinandergreifen.

*Es ist wünschenswert, alle Kinder so zu stärken,
dass sie ihren Körper selbstbewusst schützen und
verteidigen können. Insofern kann eine Aufklärung
der Bevölkerung zwar der notwendigen Enttabui-
sierung dienen, führt aber nicht zur Ermittlung ent-
sprechender Straftaten. Leider können wir nicht
auf die Selbstreinigungskräfte der Gesellschaft und*

**effektive Selbstkontrolle der Einrichtungen ver-
trauen, weil diese nicht in ausreichendem Maße vorhanden sind.**

Dass Expert:innen für die Prüfung eines Verdachtsfalls notwendig
sind, belegen insbesondere die vielen Fallzahlen im Breiten- und
Freizeitsport sowie in kirchlichen Einrichtungen. Die dort tätigen
Laien sind zumeist mit der Prüfung eines Verdachtsfalls überfordert, zumal die Täter:innen vorwiegend unscheinbare ‚Männer/
Frauen von nebenan' sind, die in der Regel sehr geschickt ihre Opfer auswählen. Meist sind sie subtil in das Umfeld eingebunden und
besetzen häufig sogar hohe Ämter. Das Machtgefälle zeigt sich also
nicht nur in der Machtposition, die diese Personen gegenüber ihren
Opfern einnehmen, sondern auch gegenüber den Menschen, die
einen Verdacht gegen sie haben. Das ‚Entlarven' durch ungeschul-
te Kolleg:innen ist daher nahezu unmöglich. Ebenso hinderlich sind
die internen Schutzmechanismen von Kollegien, Verbänden und
Organisationen. Sie verhindern nicht nur über Jahre oder gar Jahr-
zehnte die Aufdeckung, indem sie leugnen und verschweigen, sie
fügen den betroffenen Kindern zusätzlich erhebliches Leid, Demütigung und Schaden zu, indem sie die Täter:innen gewähren lassen.
Die Täter:innen wissen das und fühlen sich sicher.

Trotz behördlicher Sensibilisierungsmaßnahmen und proklamierter
Selbstkontrollen bestätigen die regelmäßig publik werdenden Fälle, dass es klarer (sozialer) Normen und Sanktionen bedarf. Zwangs-
maßnahmen sollten zwar die Ultima Ratio sein, sind aber gerecht-
fertigt, wenn davon auszugehen ist, dass Leib und Leben der Kinder
gefährdet sind und die kriminellen Täter:innen nicht effektiv bestraft
werden können. Daran sollte uns als Gesellschaft gelegen sein.

1. Aktuelle Situation

Weltweit werden täglich Kinder missbraucht. Sie sind sexualisierter Gewalt ausgesetzt – auch in Europa. Im Rahmen der Straftaten werden sie auch getötet, ohne dass dies in der Gesellschaft als Realität wirklich wahrgenommen wird. Missbrauch wird – außer bei spektakulären, medial aufbereiteten Fällen –nicht gerne thematisiert. Es scheint, als gäbe es das – wenn überhaupt – nur woanders. Straftaten an Kindern unterliegen daher auch nicht der sozialen Kontrolle, obwohl das ein erster Schritt zum Schutz der Kinder wäre. Größtenteils wird in Fällen von Verwahrlosung oder desolaten Familienverhältnissen noch immer weggeschaut. Es scheint die Devise zu gelten: Abstand halten, nicht ansprechen, die Familien und Kinder in Ruhe lassen. Obwohl in vielen Gesellschaften Zivilcourage ein hohes Gut ist und es gerade in Fällen von Gewalt in der Öffentlichkeit klare Verhaltensregeln gibt, gibt es viel zu wenige Menschen, die sich ein Herz fassen und einschreiten.[1]

1.1 Missbrauch und seine Folgen

Von sexuellem Kindesmissbrauch sind nach offiziellen Angaben weltweit 12 bis 20 Prozent der Kinder betroffen; in Deutschland – ungefähr 18 Prozent der Mädchen und ‚nur' etwa 8 Prozent der Jungen.[2] Wie hoch die Zahlen sind, verdeutlicht ein Vergleich:

Brechen wir die Zahlen auf Schulklassen herunter, finden sich in jeder Klasse mindestens zwei

---

[1] Sozialpsychologin Anna Baumert leitet die Forschungsgruppe zum Thema Zivilcourage am Max-Planck-Institut für Gemeinschaftsgüter in Bonn und ist Professorin für Persönlichkeits- und Sozialpsychologie an der Universität Wuppertal. Sie wurde im Jahr 2020 von der FAZ interviewt ("Wer sich schnell ärgert, greift eher ein!").

[2] Kaplan et al. 2011.

missbrauchte Kinder.[3] Es sind also im Durchschnitt etwa 65.000 betroffene Kinder, die jünger als sieben Jahre alt sind.

Damit liegt in dieser Altersklasse der Anteil bei 8 bis 10 Prozent der insgesamt betroffenen Kinder, wobei von einer erheblichen Dunkelziffer[4] auszugehen ist. Von den etwa 65.000 Fällen insgesamt werden lediglich 17.000 Kinder erfasst. Das heißt, 40.000 bis 50.000 Kinder werden jährlich missbraucht, ohne dass es ein Erwachsener bemerkt oder bemerken will. Kinder bleiben mit ihren Erfahrungen sich selbst überlassen. Sie erfahren weder Schutz noch Zuspruch.

Laut Definition bedeutet sexueller Kindesmissbrauch das Benutzen von Kindern und Jugendlichen für sexuelle Aktivitäten. Die Opfer sind entwicklungsbedingt außerstande, die an ihnen vollzogenen Handlungen zu erfassen. Ihnen fehlt die kognitive Reife, um als gleichberechtigte Partner:innen handeln zu können. In der Regel Erwachsene aber auch Minderjährige nutzen ihre Machtposition – Basis dafür ist die Abhängigkeit der Kinder und die intellektuelle Überlegenheit des Älteren – aus und bringen Kinder und Jugendliche dazu, in die übergriffigen Handlungen einzuwilligen, indem sie sie überreden oder aber Zwang und Druck ausüben.

Die Absicht der Erwachsenen, Kinder für die eigene sexuelle Erregung und individuelle Befriedigung zu benutzen, ist zentrales Merkmal des Missbrauchs. Den Täter:innen geht es darum, Macht, Einfluss und Bedeutung zu spüren.

Das Spektrum an Kindesmissbrauch reicht von *Hands-off-Kontakten* (ohne Berührung und nicht invasive Handlungen) bis hin zu Ver-

---

3   Das gilt bei einer Klassenstärke von 20 bis 30 Kindern pro Jahr. Im Schuljahr 2021/22 haben 771.700 Kinder mit der Schule begonnen. Das waren 21.900 (2,9 Prozent) mehr Schulanfänger:innen als im Vorjahr. Auch 2023 werden die Schülerzahlen wieder steigen, so das statistische Bundesamt.

4   Die Dunkelziffer der sexuell missbrauchten Kinder wird pro Jahr auf bis zu 340.000 geschätzt. Erfasst wurden 2020 ungefähr 17.000 Fälle (Kerschke-Risch 2022).

gewaltigungen (einmalig oder regelmäßig, gewerbsmäßig, einzeln oder in Gruppen).[5]

Durch Konditionierung und Sexualisierung werden Kinder zu Sexsklav:innen ‚erzogen' (teilweise werden sie nur zu diesem Zweck gezeugt). Durch die Konditionierung dienen sich die Kinder nicht selten den Täter:innen an, indem sie sich in die ‚richtige' Position legen oder in die Kamera lächeln. Sie sind dann willenloses Werkzeug, die Lieben Mädchen/Jungen. Eine andere Variante besteht darin, dem Kind zu suggerieren, es ‚reize' den Vater oder die Mutter, sodass diese gezwungen seien, das Kind durch den gewaltsam ausgeübten Sexualakt zu bestrafen. Eine Verweigerung wird mittels Drohungen unterbunden (Papa verlässt sonst die Mama oder ‚nimmt' sich stattdessen die jüngere Schwester.). Bei den *Bösen Mädchen/ Jungen* wird Zwang angewendet.

Missbrauch bedeutet immer die Verletzung allgemeingültiger sozialer Tabus. Meist findet der Missbrauch jahrelang statt und führt zu starken Traumatisierungen, insbesondere wenn es sich bei den Täter:innen um Angehörige oder Vertrauenspersonen handelt, was meist der Fall ist.

Der Missbrauch von Kindern und Jugendlichen führt zu emotionalen Störungen, die sich auf die sexuelle und persönliche Entwicklung auswirken. Schuld- und Schamgefühle schwächen das Selbstwertgefühl und führen zu familiärer und sozialer Isolation. Die Opfer verstummen und ziehen sich immer weiter zurück. Bis sie ihre Stimmer wiederfinden – vielen gelingt dieser Schritt zur Genesung nie – vergehen meist viele Jahre.

---

5   Auf der Internetseite Geschichten, die zählen (geschichten-die-zaehlen.de) wird den „Geschichten von Menschen, die in ihrer Kindheit oder Jugend sexuelle Gewalt erfahren haben", eine Plattform geboten.

1.2 Perspektive der Täter:innen

Die meisten Täter:innen haben in ihrer Kindheit selbst (sexuelle) Gewalt erfahren. Sie handeln also gemäß ihren erlernten und gewohnten Verhaltensmustern. Ein besonders dramatisches Beispiel ist der Fall von Jürgen Bartsch.

Der Junge wurde bis zum Alter von sechs Jahren von seinen Eltern völlig isoliert von anderen Kindern aufgezogen und in einem Kellerraum mit vergitterten Fenstern eingesperrt, weil die Eltern befürchteten, er würde erfahren, dass er nicht ihr leibliches Kind sei. Er selbst tötete vier Kinder, nachdem er sich sexuell an ihnen vergangen und sie gequält hatte. Anschließend zerstückelte er die Leichen Noch im Gefängnis betonte er, seine Eltern zu lieben und von diesen geliebt worden zu sein.

In Philosophie und Psychologie werden das Machtstreben oder der Wunsch nach Rache und Vergeltung im Erwachsenenalter mit frühkindlichen wiederholten Verletzungen erklärt.[6] Die ehemaligen Opfer versuchen sich zu heilen, indem sie selbst ihre Macht missbrauchen und Gewalt ausüben. Sie wollen um jeden Preis verhindern, dass ihnen jemals wieder Leid und Ohnmacht widerfahren.

„Machtmissbrauch bei Eltern oder generell Erwachsenen als Lustgewinn entsteht schon dann, wenn diese Gefallen daran finden, ihr/ein Kind vorzuführen. Wenn Eltern es lustig finden, ihr Kind zum Weinen bringen zu können und dies regelmäßig zur eigenen Unterhaltung tun, dann fällt das in eine missbräuchliche Ecke. Wenn so etwas regelmäßig im vorsprachlichen Alter passiert, dann ist ein Machtmissbrauch und damit wohl eine Kindesge-

---

6   In Das Böse Denken. Eine andere Geschichte der Philosophie (2006) beschreibt Susann Neiman die Entstehung des Bösen und verweist auf Ausführungen von Sigmund Freud.

fährdung bzw. Schädigung im Gange. Entsteht der Lustgewinn durch Ausübung sexualisierter Gewalt, so kann man davon ausgehen, dass der Täter selbst früher Opfer von Machtmissbrauch war"[7].

Die Prägung durch die Eltern ist also nicht zu unterschätzen, weil sie das, was sie als wahr und richtig vorgelebt bekommen haben, weitergeben. Wenn sich misshandelte Menschen also nicht infrage stellen, ist die Wahrscheinlichkeit groß, selbst zur Täter:in zu werden. Aber wie können wir Kinder und Jugendliche vor Menschen beschützen, die selbst nicht erkennen können, dass sie anderen Menschen Schaden zufügen? Darauf gibt es nur eine klare Antwort: Wir als Gesellschaft, als Freund:innen und Kolleg:innen und erst recht Pädagogen müssen hinschauen und nachhaken.

1.3 Mittäterschaft verhindern

Geschädigte, die Jahre später ihren Missbrauch verbalisieren und sich an offizielle Stelle, etwa die Lehrerin, wenden stoßen in der Regel auf Widerstand – auch von ihren Angehörigen und Freund:innen. Sie finden selten Menschen, die ihnen helfen oder wenigstens Glauben schenken. Stattdessen müssen sie sich Sätze wie diese anhören: Wenn du so etwas behauptest, musst du auch Beweise haben! Da warst du doch viel zu klein, das bildest du dir ein! Denk doch auch mal an deine Familie! Nun nimm dich nicht so wichtig! Das bringt doch heute nichts mehr! Diese Sätze werden für die Geschädigten zur Qual und führen häufig dazu, dass die Betroffenen psychisch und physisch noch mehr erkranken. Der Missbrauch war schon die Hölle, aber fast noch schlimmer war die Reaktion meiner Familie und was ich all die Jahre danach mitgemacht habe. So beschreiben es die Betroffenen.

---

7   FN)a

Das Wegschauen und Ignorieren der Erfahrungsrealität von Missbrauchsopfern ist ein Verhaltensschema, das häufig auch in anderen Kontexten anzutreffen ist. Aladin El-Mafaalani, Professor der Soziologie in Osnabrück, schreibt in seinem Buch *Wozu Rassismus*: „In Deutschland scheitern wir aber viel früher: Selbst dann, wenn ein Kind oder ein:e Jugendliche:r über Diskriminierung berichtet, wird dies nicht zugelassen."[8] Die Ignoranz der Erwachsenen führt zu erheblichen seelischen Verletzungen, so dass die gesellschaftliche Teilhabe und Zugehörigkeit abhandenkommen.

„Wenn man nach der Demütigung wegen Diskriminierung eine Demütigung wegen der Dethematisierung durch Autoritätspersonen erfährt, wird die Wahrscheinlichkeit, dass man dieses Risiko ein zweites Mal eingeht, deutlich geringer".[9]

Wird diese Reaktion des Ignorierens von Angehörigen und/oder mehreren Personen des Umfelds wiederholt gezeigt, verstummen die Betroffenen ganz. Sie fühlen sich schuldig und wertlos. Ihre Bedürfnisse scheinen völlig irrelevant zu sein. Sie finden sich letztlich mit dem Status quo ab.

Auch im professionellen Bereich wird teilweise mangels Kenntnis, teilweise aber auch bewusst weggeschaut und ignoriert. Werden ‚Fälle' in diesem Bereich publik, reagiert die Öffentlichkeit mit Empörung und Journalist:innen verurteilen und skandalisieren das Geschehen.

Der Fall Jan Hempels - olympischer Medaillengewinner im Wasserspringen - wird 2021 öffentlich. Er war über Jahre hinweg dem Missbrauch durch seinen Trainer ausgesetzt. Fast der gesamte Vorstand des Verbands wusste um den Missbrauch, hielt aber zusammen, um den Verband zu schützen.

---

8   El-Maafalani 2021, hier: S. 11, 103ff. sowie FN 125.
9   A.o.o.

Gleiches gilt für die unzähligen Fälle innerhalb der katholischen Kirche. Dort werden Täter nicht sanktioniert, sondern versetzt. Meist erhalten sie danach sogar mehr Gehalt als vorher. Die Täter werden also belohnt. Damit wird ein völlig falsches Signal gesetzt.[10] Das Fehlverhalten wird sowohl verharmlost (Das ist schon nicht so schlimm. Der Jugendliche hat schließlich auch vom Verein profitiert.); schöngeredet (Wir haben viele Talente nach oben gebracht. Ohne Person X wäre das Opfer im Sport nichts geworden.) oder aber als Einzelfall abgetan.

In öffentlichen Einrichtungen ist (sexualisierte) Gewalt ebenfalls in allen Abstufungen anzutreffen, ohne dass dies systematisch angegangen wird. Die Zuständigen leugnen, etwas mitbekommen zu haben, oder sagen, sie seien nicht zuständig und daher nicht verantwortlich gewesen.[11]

Einer 23-jährigen Frau wurde von den Eltern verboten, den Missbrauch öffentlich zu machen - auch gegenüber den Therapeut:innen. Sie wollten damit ihren guten Ruf schützen. Über acht Jahre fühlte sich die Tochter wertlos und schuldig, weil sie es überhaupt in Erwägung gezogen hatte, die Familie so in den Schmutz zu ziehen. Schließlich wurde sie krank und Ärzt:innen verschrieben ihr Neuroleptika. Grund dafür war die Diagnose Schizophrenie und Wahnvorstellungen. Erst nach fünf Jahren erhielt sie eine medikamentenfreie Behandlung wegen *Posttraumatischem Belastungssyndrom* (PTBS) und konnte sich nach weiteren vier Jahren endlich von der Schuld befreien.

Wenn Säuglinge Opfer von Missbrauch werden, sind sie nicht in der Lage, das Erlebte zu verbalisieren. Sie können das Trauma nicht verarbeiten. Ihre seelischen Verletzungen sind deshalb nicht selten ‚unheilbar'. Das Gefühl kann nur vergessen, wenn der Verstand das

---

10   Gutachten der Erzdiözese München, Köln, Aachen; in Auftrag gegeben bei Anwaltskanzleien, veröffentlicht unter anderem auf tagesschau.de, SZ.de, Die Zeit.de.

11   Falk 2022, S. 58.

Erlebte verarbeiten kann. Gerade deshalb ist es so wichtig, die Allerkleinsten zu schützen, die kaum eine Chance der kognitiven Verarbeitung haben. Bei Missbrauch in sehr jungen Jahren entstehen häufig Krankheitsbilder wie das der multiplen Persönlichkeit. Den meisten von diesem Störungsbild Betroffenen ist ein normales Leben verwehrt. Missbrauch hat also einen evidenten Einfluss auf die seelische, emotionale und körperliche Gesundheit. Häufig führt der Weg im Erwachsenenalter auch in die Prostitution.

2. Rechtsposition des Kindes

Nach Artikel 2 GG steht: „Jeder hat das Recht auf Leben und körperliche Unversehrtheit. Die Freiheit der Person ist unverletzlich. In diese Rechte darf nur auf Grund eines Gesetzes eingegriffen werden." In Artikel 6 Abs. 2 GG ist geregelt, dass Eltern und Staat für das Kindeswohl verantwortlich sind. „Pflege und Erziehung sind die natürlichen Rechte der Eltern und die ihnen zuvörderst obliegende Pflicht. Über ihre Betätigung wacht die staatliche Gemeinschaft". Nehmen die Eltern als vorrangig Verantwortliche die Aufgabe nicht wahr, greift das staatliche Wächteramt.

Das ‚natürliche' Recht der Eltern am Kind bedeutete noch bis ins Jahr 2000 das Recht, Kinder zu züchtigen und zu schlagen.

Zu berücksichtigen war dabei ein konkreter Anlass sowie das Alter und die körperliche Verfassung des Kindes. Eine quälerische, gesundheitsschädliche oder demütigende Züchtigung war jedoch untersagt. Das sogenannte elterliche Züchtigungsrecht fand seine rechtliche Begründung in den Paragrafen 1626 und 1631 BGB. Paragraf 1631 BGB wurde im November des Jahres 2000 schließlich geändert. Der entscheidende Absatz 2 lautet seitdem:

„Kinder haben ein Recht auf gewaltfreie Erziehung. Körperliche Bestrafungen, seelische Verletzungen und andere entwürdigende Maßnahmen sind unzulässig."

Hingegen scheiterte die Initiative *Kinderrechte ins Grundgesetz* im Juni 2021, weil man sich auf keinen Text einigen konnte.[12] Besonders bedauerlich ist, dass den Akteur:innen die eigene Position scheinbar wichtiger war, als sich zumindest auf den kleinsten gemeinsa-

---

12   Nähere Informationen dazu auf kinderrechte.de

men Nenner einzulassen.

In Anbetracht der Tatsache, dass über Jahrhunderte hinweg der evolutionär geprägte Satz „Du darfst deine Kinder schlagen!" wirksam war, hat sich in den letzten 22 Jahren zwar auf dem Papier viel bewegt, aber in den Köpfen spukt noch immer die Vorstellung umher, Kinder seien die Leibeigenen ihrer Eltern. Dieses Bild schleicht sich nur langsam aus.

Auch im Jahr 2023 ist die Rechtsposition des Kindes noch äußerst fragil. Es ist keineswegs selbstverständlich, Kinder als eigenständige, respektable Subjekte wahrzunehmen und sie entsprechend zu behandeln.

Die klassischen Erziehungsgrundsätze lauten dementsprechend: Solange du deine Füße unter unseren Tisch stellst, wird getan, was wir dir sagen! Es wird gegessen, was auf den Tisch kommt! Auch in öffentlichen Einrichtungen und Freizeitstätten sind derlei ‚Erziehungsmaßnahmen' üblich. So müssen Kinder nicht selten so lange am Tisch sitzen bleiben, bis sie aufgegessen haben. Andere müssen sich in die Ecke stellen oder werden öffentlich bloßgestellt. In welcher Intensität diese Grenzverletzungen stattfinden, variiert je nach Einrichtung. Eltern können sich also keineswegs auf die Einhaltung eines Standards verlassen.

2.1 Gefährdung des Kindeswohls

Ob und wie der Wächterstaat in die Kindererziehung eingreift, wird aufgrund der Gefährdung des Kindeswohls bestimmt. Es handelt sich dabei um einen sogenannten unbestimmten Rechtsbegriff. Das bedeutet, dass der Gesetzgeber ein Merkmal in einer Norm oder einem Gesetz ganz bewusst nicht genau definiert oder festgelegt hat. Um hier Klarheit zu schaffen, bedarf es daher der Auslegung. In der Pädagogik gibt es zahlreiche Definitionsversuche für das Kindeswohl, unter anderem folgenden:

„Unter Kindeswohlgefährdung ist alles Unterlassen oder Handeln einer unmittelbaren Bezugsperson, in der Regel des Sorgeberechtigten, zu verstehen, das mit hoher Wahrscheinlichkeit zu erheblichen physischen oder psychischen Beeinträchtigungen eines Kindes führt."[13]

Eine Kindeswohlgefährdung im Sinne des Paragrafen 1666 I BGB liegt laut Bundesgerichtshof bereits vor, wenn bei der weiteren Entwicklung der Gefahrenlage eine erhebliche Schädigung des geistigen oder leiblichen Wohls des Kindes mit hinreichender Wahrscheinlichkeit zu erwarten ist. An die Wahrscheinlichkeit des Schadenseintritts sind dabei umso geringere Anforderungen zu stellen, je schwerer der drohende Schaden wiegt.[14] Steht also sexueller Missbrauch im Raum, so reicht bereits die geringe Wahrscheinlichkeit, um von einer Kindeswohlgefährdung auszugehen, die eigentlich zum Handeln zwingen müsste.

Beide Definitionen enthalten wiederum unbestimmte Rechtsbegriffe. Was ist beispielsweise mit der Formulierung „erhebliche

---

13 Dettenborn 2014. Zur Diagnose des Vorliegens einer Kindeswohlgefährdung durch die Eltern gibt es verschiedene standardisierte Fragebögen, z. B. den Child Abuse Potential Inventory (CA+ P++I) (Milner 1986, 1990), den Parent-Child Relationship Inventory (PCRI) (Gerard, 1994) und den Bricklin Perceptual Scales (BPS) (Bricklin, 1984). Mit dem Eltern-Belastungs-Screening zur Kindeswohlgefährdung (EBSK) von Deegener, Spangler, Körner & Becker (Sierau/Glaesmer 2009) liegt auch eine deutschsprachige Fassung des CAPI vor. Wichtig bei solchen Formen der Prüfung ist die Gefahr der bewussten oder nicht-bewussten Verfälschung der Fragenbeantwortung. Die erwähnten Verfahren arbeiten zum Teil mit unterschiedlich komplexen Validitätsskalen, die Verfälschungen im Antwortverhalten aufdecken sollen. Zur Feststellung oder zum Ausschluss einer Gefährdung sollte in keinem Fall ausschließlich auf Testergebnisse zurückgegriffen werden, auch wenn dies die Arbeit zunächst erleichtern mag. Die Hinzunahme weiterer Informationsquellen (z. B. Jugendamts- und Patient:innenakte, Anamnesegespräch oder Einsatz weiterer psychometrischer Verfahren) ist zur Beurteilung in jedem Fall geboten.

14 BGH FamRZ 1956, 351; BGH 23.11.2016 – XII ZB 149/16.

physische oder psychische Beeinträchtigungen" gemeint? Eine *erhebliche Beeinträchtigung* wird anhand der Nachteile beurteilt, die sich durch das Verhalten der Eltern ergeben können. Das Kindeswohl ist also ‚nur gefährdet' und es ist laut dieser Definition noch kein Schaden entstanden. Von einer *erheblichen Beeinträchtigung der Entwicklung eines Kindes* ist hingegen auszugehen, wenn die Kindeswohlgefährdung und die damit einhergehende Schädigung bereits eingetreten sind, so die amtliche Begründung. Wenn also das Kind sprichwörtlich in den Brunnen gefallen ist und faktisch nur noch tot geborgen werden kann.

Die Kindeswohlgefährdung meint die unmittelbar bevorstehende Gefahr einer Schädigung und nicht erst die Schädigung selbst. Daher ist es wichtig, schnell einzugreifen und nicht darauf zu warten, dass sich dieser Zustand von selbst auflöst.

Die Wahrscheinlichkeit einer Gefährdung ist ein allgemeines Maß für die Erwartung des Eintritts eines unsicheren Ereignisses. Auf der einen Seite sollen Prognosen über den Ausgang zukünftiger Ereignisse gemacht werden. Auf der anderen Seite soll bei bereits eingetretenen Ereignissen beurteilt werden, wie gewöhnlich oder ungewöhnlich sie sind. Die klassische Wahrscheinlichkeit, dass bei einer Handlung oder Unterlassung ein bestimmtes Ereignis oder eine bestimmte Folge eintritt, ist das Zahlenverhältnis der Anzahl der günstigen Ergebnisse zur Anzahl der überhaupt möglichen Ergebnisse.

Die Wahrscheinlichkeit des Eintritts einer erheblichen Beeinträchtigung durch die Gefährdung durch Unterlassen oder Handeln kann folglich hierarchisch gegliedert werden – von der *Möglichkeit* zur Wahrscheinlichkeit zur *hinreichenden Wahrscheinlichkeit* zur *hohen Wahrscheinlichkeit* zur *überwiegenden Wahrscheinlichkeit* zur Höchstwahrscheinlichkeit bis hin zur mit an Sicherheit grenzender

Wahrscheinlichkeit.[15] Während Jurist:innen eine Schädigung für *hinreichend wahrscheinlich* halten, wenn eine 30-prozentige Wahrscheinlichkeit besteht, sehen Pädagog:innen Handlungsbedarf erst bei einer *hohen Wahrscheinlichkeit*, wenn also eine ab 51-prozentige Wahrscheinlichkeit vorliegt. Eine Abstufung nach der Schwere des zu erwartenden Schadens wird nicht gemacht.

2.2 Verfahren zur Feststellung von Misshandlung

Hinweise auf Missbrauch zeigen sich über körperliche und Verhaltensauffälligkeiten. Diese sollten wissenschaftlich definiert und empirisch gesichert sein. Es ist also sehr hilfreich, die Risikofaktoren zu kennen, um Symptome als solche zu erkennen. Neben den körperlichen Symptomen beruht die Feststellung des Missbrauchs in erster Linie auf einer qualifiziert erhobenen Aussage des Kindes, sofern es den Missbrauch altersbedingt verbalisieren kann. Mögliche Hinweise auf eine Misshandlung sind beispielsweise mangelnde Hygiene und Anzeichen von Verwahrlosung, körperliche Symptome (zum Beispiel eine ungeklärte Fraktur beim Säugling, unerklärliche Schonhaltung des Säuglings, ständiges Schreien ohne körperlich direkt sichtbare Ursache, typische Prellmarken wie blaue Flecken), auffälliges Verhalten des Kindes (zum Beispiel Bettnässen, Essstörungen, völliger Rückzug, Angst vor Erwachsenen), plötzlich eintretender Schulleistungsabfall mit sozialem Rückzug oder wiederholte Fehlzeiten in Kindergarten oder Schule.[16]

---

15 Dass eine Schädigung eintritt, ist mit bis etwa 30 Prozent möglich, hinreichend wahrscheinlich ist sie bis zu 50 Prozent, überwiegende und hohe Wahrscheinlichkeit besteht ab 51 Prozent, Höchstwahrscheinlichkeit gilt ab 75 Prozent und mit an Sicherheit grenzender Wahrscheinlichkeit beginnt bei 90 Prozent.

16 Die Liste ließe sich noch weiter fortschreiben (Pülschen 2013, S. 255; Maywald 2019, 2014, 2012).

„Bei den verhaltensbedingten Symptomen ist die korrekte Erhebung, Dokumentation und die auf aktueller Evidenz basierende Interpretation der Gesamtsituation von besonderer Bedeutung für den Schutz betroffener Kinder. Entscheidend ist es also, die Problematik und Situation des Kindes zu erkennen, was professionelle Aufmerksamkeit und professionelle Vertrautheit mit anamnestischen, somatischen und psychischen Hinweisen auf Kindesmissbrauch erfordert. Es soll unter Vermeidung von Suggestivfragen wörtlich dokumentiert werden, nach Möglichkeit von aussagepsychologisch geschulten Fachkräften".[17]

„Die Untersuchung kann - wenn professionell durchgeführt - bereits heilende Wirkung durch die Bestätigung seelischer Integrität und Normalität entfalten, sofern jeglicher Zwang oder Druck vermieden wird. Dies erfordert einen hohen zeitlichen Aufwand, Fortbildung und Engagement. Ärzte, Psychologen, Pädagogen sind gefordert, ein empathisches, zugleich rationales und fachlich fundiertes Vorgehen zu praktizieren (‚Cool science for a hot topic')".[18]

Da es typische Hinweise auf Missbrauch gibt, gilt es zunächst, diese zu definieren, katalogisieren und verbindlich in die Pädagogik zu integrieren. Es handelt sich dabei um klare Fakten, die von Fachleuten zu erarbeiten und anhand von Fallbeispielen und/oder psychologischen Aufarbeitungen mit Leben zu füllen und an die Pädagog:innen vor Ort weiterzugeben sind[19] Daran fehlt es leider. Zwar führen die von der *Arbeitsgemeinschaft der Wissenschaftlichen Medizinischen Fachgesellschaften e.V.* erarbeiteten *Leitlinien 2022*[20] körper-

---

17 Herrmann et al. 2022.
18 A.o.o.
19 Pülschen 2013, S. 255; Maywald 2019, 2014, 2012.
20 Kinderschutzleitlinienbüro 2019, S. 3.

liche und verhaltensauffällige Anzeichen an, es existieren allerdings keine allgemeingültigen medizinischen, psychologischen oder pädagogischen Fachbücher, die sich mit dieser Thematik verbindlich beschäftigen und die als allgemein anerkannt in die Ausbildung der Pädagogen integriert werden. Demgemäß existiert auch kein pädagogischer wissenschaftlicher Standard und keine klaren Handlungsgebote.

2.3 Risikofaktoren erkennen und minimieren

Zu den Risikofaktoren gehören Armut, fehlende soziale Unterstützung, Partnerschaftsgewalt, biografische Belastungen der Eltern (wie Misshandlungs- und Vernachlässigungserfahrungen oder Fremdunterbringungen) oder psychische und gesundheitliche Belastungen (wie psychische oder Suchterkrankung der Eltern). Auch besondere Persönlichkeitsmerkmale wie eine geringe Impulskontrolle, das ständige Gefühl von Hoffnungslosigkeit, mangelnde Problemlösungs- oder Stressbewältigungskompetenzen sowie Intelligenzminderung können das Risiko erhöhen. Hinzu kommt die fehlende Einsicht oder unzureichende Bereitschaft der Pädagogen zur Veränderung des eigenen Verhaltens, die sich aus vorhergehender oder der aktuellen Vernachlässigung oder Misshandlung ableiten lässt. Diese wird dann einfach nicht gesehen und es wird auf die Vernachlässigung nicht reagiert.

„Letztendlich lassen sich Risiken für Kindeswohlgefährdung und Vernachlässigung in zwei kritischen Aspekten zusammenfassen: eine chronische und schwerwiegende Überforderungssituation der Familie als Folge der Kumulation und Wechselwirkung von Risiken und eine eingeschränkte elterliche Beziehungs- und Erziehungskompetenz bei eigener fehlender positiver Beziehungserfahrung der Eltern

in ihrer eigenen Lebensgeschichte."[21]

Eine standardisierte und verbindliche Diagnostik, die auf wissenschaftlichen Rahmenvorgaben beruht, dürfte die Qualität der täglichen praktischen Arbeit der Pädagogen beträchtlich verbessern. Das zeigen etwa die Erfahrungen aus Großbritannien, wo Rahmenkonzepte im Kinderschutz verbindlich implementiert sind und daher Risikoeinschätzung, Planung und Intervention für alle professionell Beteiligten erleichtert werden konnten.[22]

Eine weitere Qualitätsverbesserung ließe sich erreichen, wenn eine systematische und verbindliche Diagnostik in konsensusbasierte formalisierte Entscheidungsmodelle einfließen würde. Dadurch könnten unterschiedliche Sichtweisen von Expert:innen miteinander in Verbindung gebracht werden. Entscheidungen würden wesentlich strukturierter getroffen.[23]

„Bisher fehlt in Deutschland eine interdisziplinäre Verständigung auf standardisierte und wissenschaftlich geprüfte Verfahren und Vorgehensweisen, die systematisch und verbindlich angewendet werden, und zwar sowohl in der Kinder- und Jugendhilfe als auch in der Zusammenarbeit mit der Gesundheitshilfe, der in der Prävention früher und rechtzeitiger Hilfen gerade bei Säuglingen eine wichtige Rolle zukommt. Es fehlt an leicht einsetzbaren, aber doch aussagekräftigen Verfahren zu Risikoerkennung und Dokumentation."[24]

Hier geht es nicht um die situative Einschätzung, ob ein Kind akut

---

21 Kindler/Sann 2007.
22 Department of Health 2000.
23 Goldbeck/Laib-Koenem/Fegert 2007.
24 Meysen/Schönecker/Kindler 2009, S. 15, 80ff.

gefährdet ist oder nicht. Vielmehr soll bewertet werden, ob aufgrund vorliegender Risiken die Wahrscheinlichkeit einer Entwicklungsgefährdung besteht und ob Eltern für die Inanspruchnahme von frühen und präventiven Angeboten gewonnen werden können. Ziel ist es, den Zeitpunkt abzupassen, bevor eine kritische Entwicklungsgefährdung eingetreten ist (er befindet sich rund um die Geburt). Dadurch würde die Chance erhöht, die Gefährdung zu vermeiden oder zumindest abzupuffern.

Die angebotenen Hilfeleistungen sollten idealerweise auf die jeweilige Situation und das Risikoniveau der Familien abgestimmt sein. Sie umfassen neben einer allgemeinen Entlastung und Unterstützung der Familie etwa Angebote zur Förderung elterliche Beziehungs- und Erziehungskompetenz und gegebenenfalls auch weitergehende medizinische oder soziale Unterstützung und Versorgung. „Hierdurch würden sich ‚falsch negative' und ‚falsch positive' Einschätzungen über eine bestehende Kindeswohlgefährdung nicht völlig vermeiden, aber doch erheblich reduzieren lassen."[25]

---

25 Fegert, 2008. A.a.O.

Zwischenfazit: Gesellschaftliche Verantwortung

Machtmissbrauch zu erkennen und als solchen offen zu benennen, setzt ein humanistisches Menschenbild voraus. Aktuell setzen die staatlichen Bildungsinstitutionen jedoch andere Signale, indem sie Schulfächer priorisieren, die dem späteren Gelderwerb dienen. Es werden also nicht Werte wie Gemeinschaft, Schutz der Schwachen und generell (eigen) verantwortliches Leben vermittelt. Stattdessen werden Geld und Macht als besonders erstrebenswert angesehen. „Unsere Wirtschaft ist auf Wachstum aufgebaut und benötigt diesen Rausch, der strukturell gesellschaftlich anerkannt ist.“[26] Daher fällt es uns auch so schwer, Dinge, die eigentlich wichtig sind, vorrangig anzustreben.

„Obwohl man weiß, dass unsere Art zu leben, den Planeten ruiniert, machen wir weiter, weil die bestehende Wirtschaftsform mit ihren einhergehenden Lebensweisen und das Streben nach Reichtum eben jene Suchtstruktur hat. Dabei wird zum Schaden der nächsten Generation nicht immer die Grenze der Strafbarkeit überschritten und dennoch immer Schaden angerichtet“[27].

Es stellt sich also die Frage: Wer fängt an mit dem Aussteigen? Wie lässt sich das System verändern? Von den *Fridays for Future* und den Auswirkungen der Klimakrise haben wir gelernt, dass wir die Notbremse ziehen müssen. Aber richtig verstanden haben wir es nicht, weil wir uns weiterhin fragen, ob ausgerechnet wir damit anfangen müssen. Solange Lebensmittel und andere Konsumprodukte, die

---

26 Hampe 2017, insbesondere S. 113ff. Hampe beschreibt sehr eindringlich, wie und warum wir zu strukturellen Fehlentscheidungen neigen. Er klagt dabei nicht an und proklamiert auch nicht, die Gesellschaft habe Schuld.

27 A.o.o.

meilenweite Strecken per Flieger zurücklegen müssen, um in unsere Supermärkte zu gelangen, billiger sind als die nachhaltig, ökologisch und fair hergestellten Produkte aus der Region, erscheint es ungerecht, den Konsument:innen die Verantwortung alleine zu überlassen. Warum sollten wir mehr für das Richtige zahlen, wenn das Falsche so viel billiger ist? Warum gelingt es der Politik nicht, die umweltschädlichen Faktoren der Produkte mit einzupreisen?[28]

„Eine Gesellschaft, die Kooperation bestraft, weil sie die Kooperierenden nicht besserstellt, als die Nicht-Kooperierenden kann m.E. nicht funktionieren. Wer kooperiert, muss einen Vorteil haben, darf nicht der Dumme sein."[29]

Unter Missachtung der historischen Verantwortung ließe sich zudem fragen, warum Europäer:innen, die nur zwei Prozent des CO_2-Ausstoßes hervorrufen, Energie einsparen sollten, während China, Indien und die USA, die viel mehr CO_2 produzieren, nicht dazu bereit sind? Die Antwort ist ganz einfach:

Wir sollten nicht weiter in die falsche Richtung laufen, nur weil es die andern tun.[30] *Die politischen Ziele und die Ziele des Einzelnen müssen sich soweit decken, dass sowohl die Gesellschaft als auch der Einzelne in wesentlichen Punkten am selben Strang ziehen.*

Es führt also doch kein Weg an Eigenverantwortung und Selbstreflexion vorbei. Es gilt immer, die Frage zu beantworten, nach welchen Werten wir Gemeinschaft leben möchten. Dazu gehört letztendlich auch die Frage nach dem Sinn, den jede Einzelne ihrem Leben gibt: Was brauchst du, um ein erfülltes und zufriedenes Leben zu leben?

---

28   Falk 2022, S. 125ff.
29   A.o.o.
30   Dietrich/Zanetti 2014, S. 143ff., 148.

Diese Fähigkeiten müssen trainiert werden. Es braucht eine positive Vision, um die Triebfedern aus eigenen Verletzungen und erfahrenem Leid auszubremsen. Nur so kann es gelingen, das eigene Handeln und Fühlen auf seine Richtigkeit zu überprüfen. Es braucht diesen Filter, damit die Mitmenschen nicht zu Schaden kommen.[31] Als Gesellschaft müssen wir Menschen, die diesen inneren Kompass nicht haben oder ihn nicht bilden konnten, ein Korrektiv sein. Wir müssen laut und deutlich Stopp sagen. Wir müssen den Kreislauf aus Gewalt und Machtmissbrauch unterbrechen, anderenfalls schützen wir letztendlich ungewollt die Täter.

31   Barth 2022.

3. Der Wächterstaat

Die Systematik der gesetzlichen Regelung betrachtet die Eltern als natürliche Inhaber:innen der Rechte des Kindes. Nach dem Substitutionsprinzip soll diese natürliche Inhaberschaft (soweit als möglich) ungestört und eigenverantwortlich gelebt werden können. Fakt ist aber, dass nicht alle Eltern von sich aus das notwendige Rüstzeug, den vollen Werkzeugkoffer, mitbringen, um gute oder zumindest akzeptable Eltern zu sein. In einem bestimmten Rahmen sind elterliche Fehlentscheidungen durchaus hinzunehmen. Besteht aber Kindeswohlgefährdung, sollen die Eltern zunächst unterstützt werden. Versagt dieses Instrument, tritt der Staat als Wächter der Rechte des Kindes auf und führt eine Trennung von Eltern und Kind(ern) herbei.

3.1 Gerangel um Zuständigkeiten

Zuständig sind das Jugendamt und alle Personen, die mit den Kindern arbeiten. Sie sollen dem Jugendamt als Helfer:innen zuarbeiten, indem sie von Verdachtsfällen der Kindeswohlgefährdung berichten. Als Generalklausel der Kompetenzverteilung zwischen Bund und Ländern bestimmt Artikel 30 GG, dass die Ausübung der staatlichen Befugnisse und die Erfüllung staatlicher Aufgaben grundsätzlich Ländersache sind.

Die Länder führen Bundesgesetze als eigene Angelegenheiten aus (Artikel 83 GG). Das Grundgesetz hat an der konkurrierenden Gesetzgebungskompetenz des Bundes für das Kinder- und Jugendschutzrecht festgehalten (Artikel 74 Abs. 1 GG, *Öffentliche Führsorge*). Der Bund kann damit im SGB VIII (*Kinder- und Jugendhilfe*) einen bundeseinheitlichen, verbindlichen Leistungskatalog festlegen. Die Länder können weitere oder weitergehende Leistungsansprüche festlegen, soweit dies nicht im Widerspruch zur Bundesregelung steht. Die Gesundheitshilfe ist Sache des Bundes. Die Gesundheitsämter unterstehen dem Landesrecht. Das SGB VIII trifft verschiedene sogenannte Behördenbestimmungen, die von den Ländern geregelt werden. So kommt es, dass von Bundesland zu Bundesland sowohl im Bereich der Kinder- und Jugendhilfe als auch in der Gesundheitshilfe unterschiedliche Regelungen existieren. Daher haben auch die Fachkräfte des Jugendamtes und deren Helfer:innen unterschiedliche Pflichten.

Im Juli 2007 wurde im Rahmen der 80. Gesundheitsministerkonferenz beschlossen, die in den Ländern existierenden Präventionsprogramme zu dokumentieren und gemeinsam auszuwerten. Bisher ist dieser Beschluss jedoch noch nicht in die Tat umgesetzt worden. Geplant war unter anderem, Eltern zur kinderärztlichen Früherkennung einzuladen und bei Nichtteilnahme gegebenenfalls zur Nachholung aufzufordern. In manchen Bundesländern wird die endgültige Nichtteilnahme dem Jugendamt mitgeteilt, ohne dass dies jedoch zu Reaktionen führen muss. Es gilt der Grundsatz, dass die Nichtteilnahme keine Aussagekraft im Hinblick auf das Kindeswohl und dessen Gefährdung habe.[32] Niedersachen plante zunächst, in jeder Kindestageseinrichtung eine Fachkraft zur *Kinderschutzfachkraft* (Paragraf 10 und 10 a Familienförderungsgesetz S.A.) zu benennen. Diese Maßnahme wurde auf die Jugendämter übertragen.

Ferner sollte ein Expert:innenrat mit dem Titel *Allianz für Kinder* einberufen werden (Paragraf 17 FamFördG S.A.). Auch das wurde bislang nicht realisiert. Es existiert also keine bundeseinheitliche Handlungspflicht des Jugendamtes und seiner Helfer:innen, keine einheitliche Zulassungsvoraussetzung und Ausbildung für Erzieher:innen und kein einheitlicher pädagogischer Standard. Zwar ist seit 2020 (nach einer Studie des Gemeinsamen Bundesausschusses) bundeseinheitlich die Erstellung eines Schutzkonzeptes für

---

32 DIJuF, Rechtsgutachten JAmt (2008), S. 137; JAmt (2007), S. 470, Lehr- und Praxiskommentar, LPK-SGB VIII; Bringewat, Peter (2018), SGB VII § 8a Rn 36 m.w.N, 7. Aufl.

jede Einrichtung Pflicht. Dessen Inhalt wird aber jeder Einrichtung selbst überlassen.

Es sind also bundesweit keine einheitlichen Standards aufgestellt worden und müssten diese von den Ländern aufgestellt werden, die jedoch ihre Arbeit teilweise zumindest beginnen aber regelhaft nicht fortführen; erst recht nicht als verbindliche Regeln, weil es letztendlich keine klaren Kompetenzen gibt.

3.2 Unterbestimmung von Begriffen

Die Zuständigkeit der Jugendämter als letztendlich einzige Überwachungsstelle des Wächterstaates ergibt sich aus Paragraf 1666 BGB und diversen Sozialrechtsnormen. Einschlägig sind die Vorschriften des SGB VIII zur *Kinder- und Jugendhilfe*[33]. Dort maßgeblich ist der Paragraf 8 a *Schutzauftrag bei Kindeswohlgefährdung*. Im ersten Absatz heißt es dort:

„Werden dem Jugendamt gewichtige Anhaltspunkte für die Gefährdung des Wohls eines Kindes oder Jugendlichen bekannt, so hat es das Gefährdungsrisiko im Zusammenwirken mehrerer Fachkräfte einzuschätzen. Soweit der wirksame Schutz dieses Kindes oder dieses Jugendlichen nicht in Frage gestellt wird, hat das Jugendamt die Erziehungsberechtigten sowie das Kind oder den Jugendlichen in die Gefährdungseinschätzung einzubeziehen und, sofern dies nach fachlicher Einschätzung erforderlich ist, sich dabei einen unmittelbaren Eindruck von dem Kind und von seiner persönlichen Umgebung zu verschaffen sowie Personen, die gemäß § 4 Absatz 3 des Gesetzes zur Kooperation und Information im Kinderschutz dem Jugendamt Daten übermittelt haben[die sogenannten Helfer:innen; Anm. M.S.], in geeigneter Weise an der Gefährdungseinschätzung zu beteiligen."

---

33 Artikel 1 des Gesetzes vom 26. Juni 1990, BGBl I, S. 1163.

„Hält das Jugendamt zur Abwendung der Gefährdung die Gewährung von Hilfen für geeignet und notwendig, so hat es diese den Erziehungsberechtigten anzubieten.

(2) Hält das Jugendamt das Tätigwerden des Familiengerichts für erforderlich, so hat es das Gericht anzurufen; dies gilt auch, wenn die Erziehungsberechtigten nicht bereit oder in der Lage sind, bei der Abschätzung des Gefährdungsrisikos mitzuwirken. Besteht eine dringende Gefahr und kann die Entscheidung des Gerichts nicht abgewartet werden, so ist das Jugendamt verpflichtet, das Kind oder den Jugendlichen in Obhut zu nehmen.

(3) Soweit zur Abwendung der Gefährdung das Tätigwerden anderer Leistungsträger, der Einrichtungen der Gesundheitshilfe oder der Polizei notwendig ist, hat das Jugendamt auf die Inanspruchnahme durch die Erziehungsberechtigten hinzuwirken. Ist ein sofortiges Tätigwerden erforderlich und wirken die Personensorgeberechtigten oder die Erziehungsberechtigten nicht mit, so schaltet das Jugendamt die anderen zur Abwendung der Gefährdung zuständigen Stellen selbst ein.

(4) In Vereinbarungen mit den Trägern von Einrichtungen und Diensten, die Leistungen nach diesem Buch erbringen, ist sicherzustellen, dass deren Fachkräfte bei Bekanntwerden gewichtiger Anhaltspunkte für die Gefährdung eines von ihnen betreuten Kindes oder Jugendlichen eine Gefährdungseinschätzung vornehmen,

1) bei der Gefährdungseinschätzung eine insoweit erfahrene Fachkraft beratend hinzugezogen wird sowie

2) die Erziehungsberechtigten sowie das Kind oder der Jugendliche in die Gefährdungseinschätzung einbezogen werden, soweit hierdurch der wirksame Schutz des Kindes oder Jugendlichen nicht in Frage gestellt wird.

In den Vereinbarungen sind die Kriterien für die Qualifikation der beratend hinzuzuziehenden „insoweit erfahrenen Fachkraft" zu regeln, die insbesondere auch den spezifischen Schutzbedürfnissen von Kindern und Jugendlichen mit Behinderungen Rechnung tragen. Daneben ist in die Vereinbarungen insbesondere die Verpflichtung aufzunehmen, dass die Fachkräfte der Träger bei den Erziehungsberechtigten auf die Inanspruchnahme von Hilfen hinwirken, wenn sie diese für erforderlich halten, und das Jugendamt informieren, falls die Gefährdung nicht anders abgewendet werden kann.

(5) In Vereinbarungen mit Kindertagespflegepersonen, die Leistungen nach diesem Buch erbringen, ist sicherzustellen, dass diese bei Bekanntwerden gewichtiger Anhaltspunkte für die Gefährdung eines von ihnen betreuten Kindes eine Gefährdungseinschätzung vornehmen und dabei eine insoweit erfahrene Fachkraft beratend hinzuziehen. Die Erziehungsberechtigten sowie das Kind sind in die Gefährdungseinschätzung einzubeziehen, soweit hierdurch der wirksame Schutz des Kindes nicht in Frage gestellt wird. Absatz 4 Satz 2 und 3 gilt entsprechend.

(6) Werden einem örtlichen Träger gewichtige Anhaltspunkte für die Gefährdung des Wohls eines Kindes oder eines Jugendlichen bekannt, so sind dem für die Gewährung von Leistungen zuständigen örtlichen Träger die Daten mitzuteilen, deren Kenntnis zur Wahrnehmung des Schutzauftrags bei Kindeswohlgefährdung nach § 8a erforderlich ist. Die Mitteilung soll im Rahmen eines Gespräches zwischen den Fachkräften der beiden örtlichen Träger erfolgen, an dem die Personensorgeberechtigten sowie das Kind oder der Jugendliche beteiligt werden sollen, soweit hierdurch der wirksame Schutz des Kindes oder des Jugendlichen nicht in Frage gestellt wird."

Die Vorschrift wurde bewusst offengehalten, um eine „aggressive Überweisung" der Helfer:innen an das Jugendamt zu vermeiden.

D.h. aus Rücksicht auf mögliche Animositäten der Fachkraft des Jugendamtes und um die Kooperation zwischen den einzelnen Disziplinen zu erleichtern, hat sich der Gesetzgeber für das Modell des Mitteilens statt des Anzeigens entschieden.[34]

Ferner wimmelt diese Vorschrift von unbestimmten und in der Praxis auszufüllenden Rechtsbegriffen (wie „gewichtige Anhaltspunkte", „Gefährdung", „Kindeswohl") und Abwägungsprozessen (wie „Gefährdungsrisiko", „Gefährdungseinschätzung"), die auch im fast inhaltsgleichen Bundeskinderschutzgesetz ihren Niederschlag finden und daher im Folgenden näher unter die Lupe genommen werden sollen.

3.3 Fehlende Verbindlichkeiten

Das *Bundeskinderschutzgesetz* (BKiSchG) mit dem *Gesetz zur Kooperation und Information im Kinderschutz* (KKG) ist am 1. Januar 2021 in Kraft getreten, das Gesetz zur Stärkung von Kindern und Jugendlichen (*Kinder- und Jugendstärkungsgesetz,* KJSG) am 10. Juni 2021. Das BKiSchG soll ausreichenden Schutz vor Missbrauch bieten und ist als Antwort auf die vielen Missbrauchsfälle in der jüngeren Vergangenheit zu verstehen. Das Gesetz richtet sich an Personen, die regelmäßig beruflich mit Kindern zu tun haben, etwa Ärzt:innen, Erzieher:innen oder Lehrer:innen. Es hat folgenden Inhalt:

„§ 4 Beratung und Übermittlung von Informationen durch Geheimnisträger bei Kindeswohlgefährdung werden

1.   Ärztinnen oder Ärzten, Zahnärztinnen

---

34   Meysen/Schönecker/Kindler 2009, S. 81ff.

2. Berufspsychologinnen oder -psychologen

3. Ehe-, Familien-, Erziehungs- Oder Jugendberaterinnen oder -beratern

4. Beraterinnen oder Beratern für Suchtfragen

5. Mitgliedern oder Beauftragten einer anerkannten Beratungsstelle nach den §§ 3 und 8 des Schwangerschaftskonfliktgesetzes,

6. staatlich anerkannten Sozialarbeiterinnen oder -arbeitern

7. Lehrerinnen oder Lehrern

in Ausübung ihrer beruflichen Tätigkeiten Anhaltspunkte für die Gefährdung des Wohles eines Kindes oder eines Jugendlichen bekannt, so sollen sie mit dem Kind oder Jugendlichen und den Erziehungsberechtigten die Situation erörtern und, soweit erforderlich, bei den Erziehungsberechtigten auf die Inanspruchnahme von Hilfen hinwirken, soweit hierdurch der wirksame Schutz des Kindes oder des Jugendlichen nicht in Frage gestellt wird.

(2) Die Personen nach Absatz 1 haben zur Einschätzung der Kindeswohlgefährdung gegenüber dem Träger der öffentlichen Jugendhilfe Anspruch auf Beratung durch eine insoweit erfahrene Fachkraft. Sie sind zu diesem Zweck befugt und verpflichtet, dieser Person die dafür erforderlichen Daten zu übermitteln; vor einer Übermittlung der Daten sind diese zu pseudonymisieren.

(3) Scheidet eine Abwendung der Gefährdung nach Absatz 1 aus, oder ist ein Vorgehen nach Absatz 1 erfolglos, und halten die in Absatz 1 genannten Personen ein Tätigwerden des Jugendamtes für erforderlich, um eine Gefährdung des Wohls

eines Kindes oder eines Jugendlichen abzuwenden, so sind sie befugt*, das Jugendamt zu informieren; hierauf sind die Betroffenen vorab hinzuweisen, es sei denn, dass damit der wirksame Schutz des Kindes oder des Jugendlichen in Frage gestellt wird.

Zu diesem Zweck sind die Personen nach Satz 1 befugt*, dem Jugendamt die erforderlichen Daten mitzuteilen. (*nicht verpflichtet)"

Durch den Paragrafen 4 KKG werden Berufsgeheimnisträger:innen funktional betrachtet in die Wahrnehmung staatlicher Schutzpflichten einbezogen. Sie sind die ‚Freiwilligengarde'. Der Paragraf soll beispielsweise Ärzt:innen Klarheit verschaffen, wie sie bei Verdacht auf Kindeswohlgefährdung vorgehen sollen. Geschützt wird also einerseits die Vertrauensbeziehung zwischen Ärzt:in und Patient:in (dem potenziellen Opfer), andererseits ermöglicht die Gesetzgebung die rechtssichere Datenübermittlung an das Jugendamt.

Es mag zunächst etwas befremdlich wirken, dass hier der Fokus auf dem Datenschutz und nicht auf dem Kindeswohl liegt. Schließlich würde der Schutz des Vertrauensverhältnisses bedeuten, dass Ärzt:innen und pädagogisches Fachpersonal trotz Hinweisen auf Missbrauch nicht von der Möglichkeit der Datenübertragung Gebrauch machen. Sie ‚schützen' dann zwar das Vertrauensverhältnis zu den Eltern, indem sie sie nicht ‚verraten', dem Kind aber ist damit nicht geholfen.

Dieses Kinderschutzgesetz ist also mangelhaft, weil es nicht das Vertrauensverhältnis zwischen potenziellem Opfer und Ärzt:in stärkt, sondern - ganz im Gegenteil - dessen Perspektive völlig außer Acht lässt.

Im Einzelnen sieht Paragraf 4 KKG folgendes Vorgehen für Berufsgeheimnisträger:innen vor. Das Ministerium für Familie Senioren, Frauen und Jugend hat dieses Prozedere auf Anfrage offiziell als ausreichend kommuniziert. Es entspricht der Staffelung des Paragrafen 8 a SBG VIII:

> *„Erster Schritt: Bei der Vermutung einer Kindeswohlgefährdung sollen die Berufsgeheimnisträgerinnen bzw. Berufsgeheimnisträger die Situation zunächst mit dem Kind oder Jugendlichen und den Eltern erörtern, soweit ein solches Vorgehen den Schutz des Kindes oder des Jugendlichen nicht in Frage stellen würde. Zudem sollen sie auf die Inanspruchnahme von Unterstützungsangeboten hinwirken. Zur Einschätzung der Kindeswohlgefährdung haben die Berufsgeheimnisträgerinnen und Berufsgeheimnisträger einen Anspruch auf Beratung durch eine Fachkraft des Trägers der öffentlichen Kinder- und Jugendhilfe.“*

Zu kritisieren ist hieran, dass die Berufsgeheimnisträger:innen meist keine ausreichenden Kenntnisse darüber haben, wie die Situation einzuschätzen ist. Der Staat betraut also Personen mit staatlichen Schutzpflichten, die von den vielzähligen Abwägungen und erforderlichen Qualifikation überfordert sein können. Insofern sind es eher schwache Helfer:innen des Wächterstaats. Zudem wird den Berufsgeheimnisträger:innen ein großer Ermessensspielraum eingeräumt. Das öffnet eine hohe Bandbreite an Möglichkeiten, sich der Verantwortung zu entziehen.

Dennoch sind sie erste Ansprechpartner:innen und verantwortlich für die Situation des betreffenden Kindes. Zwar können sie Hilfe in Form von Beratungen in Anspruch nehmen, aber in den Austausch und den etwaigen Konfliktlösungsprozess müssen sie allein gehen. Das Bundesministerium führt weiter aus:

> *„Zweiter Schritt: Konnte das Gespräch die Gefährdung nicht abwenden oder kommt ein solches nicht in Betracht, sind die Berufsgeheimnisträgerinnen*

und Berufsgeheimnisträger befugt, das Jugendamt zu informieren, wenn sie dies für erforderlich halten, um die Gefährdung abzuwenden. Hierauf sind die Eltern vorab hinzuweisen, es sei denn, ein solches Vorgehen würde den wirksamen Schutz des Kindes oder des Jugendlichen in Frage stellen."

Das Ministerium sieht dadurch die Rechte der betroffenen Kinder ausreichend gewahrt, denn es bestehe nach geltendem Recht für den Fall einer eindeutig festzustellenden körperlichen Verletzung eine Soll-Verpflichtung für Ärzt:innen zur Meldung an das Jugendamt.

Das Gesetz empfiehlt Ärzt:innen, Erzieher:innen und anderen Berufsgruppen die Beobachtung des Kindes. Sie dürfen die entsprechenden Daten an die Jugendämter weiterleiten, sind dazu jedoch nicht verpflichtet (wie in den USA), obwohl sie gegenüber den Kindern und Jugendliche als pädagogische Fachkraft eine Garantenstellung im Sinne des Strafrechts einnehmen und erhöhte Handlungspflichten haben (Unterlassene Hilfeleistung).

Eine sanktionslose Soll-Verpflichtung ist also ein zahnloser Löwe, denn *sollen* heißt nicht *müssen*. Auch hier zeigt sich, dass nicht die Unversehrtheit des Kindes im Zentrum der Aufmerksamkeit steht, sondern lediglich geklärt wird, welche Rechte und Pflichten die erwachsenen Beteiligten (ob Fachpersonen oder Eltern) in dieser Situation haben. Durch das Gesetz werden zudem alle Angehörigen von Berufsgruppen, die mit Kindern arbeiten, zu Berufsgeheimnisträger:innen erklärt. Das suggeriert, ihre Hauptaufgabe sei der Datenschutz. Dazu bräuchte es allerdings kein extra Gesetz, weil die berufliche Schweigepflicht bereits andernorts (Datenschutzgrundverordnung) festgeschrieben ist.

So wäre nach einschlägigem Recht im Rahmen der Güterabwägung die Schweigepflicht durchbrochen, wenn dadurch eine Straftat gedeckt würde, die sich gegen Leib und Leben eines anderen richtet. Das BKiSchG bietet da nichts Neues. Ein Beispiel dafür sind die sogenannten Aids-Fälle aus den 1970er Jahren. Ärzt:innen war es erlaubt, die Aidserkrankung ihrer Patient:in der Lebenspartner:in mitzuteilen, weil der ungeschützte Geschlechtsverkehr mit einer infizierten Person damals als Körperverletzung galt. Begründet wurde die mit der hohen Wahrscheinlich, dass sich die Partner:in ebenfalls anstecken konnte, was unter Umständen zum Tode führen würde. Warum also sollte dieses Offenbarungsrecht zugunsten von Kindern nicht mehr relevant sein?

Wenn der Staat Dritte, teilweise ehrenamtlich tätige Privatpersonen, in die Aufgabenbewältigung des Wächterstaates miteinbezieht, muss er die notwendigen Kenntnisse und Erfahrungen sicherstellen. Schließlich müssen klare Verantwortungen definiert werden.

Der Gesetzestext und die dort formulierten Abwägungen und Entscheidungen stellen eine Überforderung dar, was das Ignorieren der Hinweise auf Missbrauch fördert, sodass oft in der Praxis viel zu lange ‚beobachtet' wird – und das leider regelhaft, ohne Plan und Dokumentationspflicht.

Das Oberlandesgericht Hamm hatte in einer Entscheidung 2020[35] klargestellt, dass Mitarbeiter:innen des Jugendamtes ein Garant für Kinder sind. Ebenso hat dies der Bundesgerichtshof in einem Urteil vom 3. April 1985[36] klargestellt.

Das Oberlandesgericht Hamm führt in seiner Urteilsverkündung aus, dass die Verurteilung wegen fahrlässiger Tötung durch Unterlassen rechtens sei. Zur Begründung hieß es, die Angeklagte habe ihre Garantenpflicht – ihre Verpflichtung, dafür Sorge zu tragen,

---

35 Entscheidung OLG Hamm 5 RVs 83/20, 5 Ws 279/20.
36 BGH, Urteil vom 03.04.1985, Az. 2 StR 63/85.

dass keine ihrer Klient:innen zu Tode kommt – in diesem Fall fahrlässig verletzt. Sie habe den Hungertod des Jungen nicht verhindert, mehr noch, sie habe es über Monate hinweg unterlassen, ihm zu helfen. Dabei waren ihr Auffälligkeiten durch ein anderes Jugendamt zugetragen worden und sie hätte sich zeitnah nach Übernahme des Falls einen persönlichen Eindruck verschaffen müssen. Trotz dieser klaren Worte bekam die angeklagte Mitarbeiterin des Jugendamtes lediglich eine Geldstrafe von 3.500 Euro auferlegt.

Fälle wie diese zeigen, dass das Bundeskinderschutzgesetz, das zielgerichtet Kinder schützen soll, hinter seinen eigenen Versprechen zurückbleibt. Das Gesetz ist in sich widersprüchlich und sendet keine klaren Signale, welchen sozialen Normen Geltung verschafft werden soll.

Auch die Ärzt:innenschaft hat sich mit den Leitlinien der *Arbeitsgemeinschaft der Wissenschaftlichen Medizinischen Fachgesellschaften e.V.* im Rahmen der Gesundheitsvorsorge dem Thema Kindesmissbrauch angenommen.[37] Dort wird erklärt, dass Kenntnisse zur Identifizierung von sicheren Anhaltspunkten einer Kindeswohlgefährdung genauso unerlässlich sind wie die Kenntnis über den gesetzlich geregelten Anspruch auf Beratung bei Verdachtsfällen. Unter Verweis auf die Regelungen des Paragrafen 4 KKG wird die Dokumentation der Fachkräfte gefordert. Das bedeutet, dass alle Offenbarungen, Aussagen Dritter, beobachteten Situationen, erhobenen Befunde und die sich daraus ergebenden Einschätzungen und Diagnostiken für einen gewichtigen Anhaltspunkt dokumentiert werden sollen. Diese Dokumentation beinhaltet sowohl die Einschätzung zum Vorliegen als auch zum Nichtvorliegen einer Kindeswohlgefährdung.

Auch hier wird zwar die Notwendigkeit der Dokumentation hervorgehoben, jedoch nicht zur Verpflichtung erklärt. Ferner werden die Vorschriften des BKiSchG in den AWMF S3-Leitlinien kritiklos zitiert

---

37 Kinderschutzleitlinien 2019, S. 3.

und die unbestimmten Rechtsbegriffe ohne jede Konkretisierung aufgenommen. Es findet keine Hinterfragung oder weitergehende Auseinandersetzung statt, obwohl es im internationalen Vergleich durchaus Anhaltspunkte dazu gibt. So sind Länder wie USA; Schweiz, Irland, Australien und Kanada) wesentlich erfolgreicher in der Bekämpfung sexueller Kriminalität gegen Kinder, weil diverse Handlungspflichten bei Kindeswohlgefährdung existieren.

In Deutschland sprechen sich selbst Ärzt:innen gegen solche Pflichten aus. Sie wollen jedweden Zwang vermeiden. Scheinbar hoffen sie auf die Einsicht der Täter:innen, was einem Wunder gleichkäme. Es ist verwunderlich, weshalb die Erkenntnisse aus dem internationalen Forschungs- und Praxisalltag ignoriert werden. Es konnte noch nicht einmal ein Konsens darüber gefunden werden, Eltern zur Teilnahme an den U-Untersuchungen zu verpflichten, um körperliche Anzeichen eines Missbrauchs möglichst schnell und im Frühstadium erfassen zu können. Außerdem konnten weder die Meldepflicht an das Jugendamt noch die Hausbesuchspflicht des Jugendamtes etabliert werden.

4. Helfer:innen des Wächterstaates

Maßgeblich adressiert werden im Bundeskinderschutzgesetz Berufsgruppen, die sehr nah am oder mit dem Kind arbeiten. Des Weiteren sind auch Personen oder Organisationen adressiert, die in ihrer Freizeit freiwillig und ehrenamtlich in der Kinder- und Jugendarbeit tätig sind. Alle diese Personen sollen das Kindeswohl im Auge behalten und bei „gewichtigen Anhaltspunkten" das Jugendamt informieren. Praxiserfahrungen lehren jedoch, dass hierfür Fachkräfte unterschiedlicher Disziplinen möglichst reibungslos zusammenarbeiten müssen. Familien mit vielfältigen Belastungen und Risiken sind häufiger als andere die Leidtragenden, wenn dieses Hilfesystem nicht gut funktioniert.

4.1 Fachkräfte des Jugendamtes

In der frühen Kindheit haben oft nur Fachkräfte im Gesundheitsbereich, etwa Gynäkolog:innen, Hebammen oder Kinderärzt:innen, Kontakt zum Kind und seinen Eltern. Für weitergehende Hilfen – wenn es beispielsweise um die Vermittlung eines Platzes in der Kindertagesstätte geht oder um die Unterstützung bei der Alltagsbewältigung durch eine Fachkraft – müssen sich die Fachkräfte aber zunächst an das Jugendamt wenden. Genau an diesem Punkt gerät der Prozess meist schon ins Stocken.

Anstatt im BKiSchG also den Berufsgeheimnisträger:innen die Befugnisse zur Weitergabe von sensiblen Daten einzuräumen, wäre es wichtiger gewesen, eine Meldepflicht zu installieren und die Fachkräfte über das theoretische Potenzial der Jugendämter aufzuklären.

Fachkräfte sollten fachlich, sachlich und finanziell entsprechend ausgestattet werden und bewusst gegen das Image des Jugendamtes als ‚Kinderwegsperranstalt' gearbeitet werden. Jede Sozialarbeiter:in im Jugendamt hat bis zu 60 Kinder zu betreuen, obwohl die Obergrenze des Machbaren mit 35 eingeschätzt wird.[38] In Köln demonstrierten im November 2022 Jugendamtsmitarbeiter:innen, weil sie teilweise sogar bis zu 70 Kinder betreuen müssen. Die Jugendämter haben in der Regel keine Fachabteilungen für Kindesmissbrauch. Sie verfügen über eine „insoweit erfahrene Fachkraft" mit Zusatzausbildung Kindesmissbrauch oder müssen auf eine solche aus einem Nachbaramt zurückgreifen. Für die Zusatzausbildung gibt es keine klaren Richtlinien. Zwar gibt es mittlerweile in diversen Städten 24-Stundendienste (*Gefährdungsmeldungssofortdienst*). Erreichbar sind sie über eine Hotline, die allerdings mit Personal besetzt ist, das nicht gut geschult ist. Insgesamt mangelt es in den zuständigen Ämtern an qualifiziertem Personal, also speziell ausgebildeten Sozialarbeiter:innen oder Psycholog:innen.

Gelangt das Jugendamt in Kenntnis eines Verdachtsfalls, so suchen sie das Umfeld des Kindes auf. Sie befragen vorrangig die Eltern und die Berufsgeheimnisträger:innen, um sich selbst ein Bild von der Situation des Kindes zu verschaffen. Können bestehende Zweifel am Kindeswohl nicht ausgeräumt werden oder nicht genug Fakten gesammelt werden, wird ein zweiter Besuchstermin vorangekündigt. Sollte das Kind bei diesem Besuch gepflegter erscheinen als zuvor und auch die Eltern freundlicher erlebt werden, schürt das Zweifel an der Glaubwürdigkeit des beobachteten Zustandes, sodass entweder ein dritter Besuch ankündigt oder die Sache ad acta gelegt wird. Kommt es erneut zu einem Hinweis wird dieses Vorgehen wiederholt.

Letztlich steht es der Mitarbeiter:in des Jugendamtes frei, ob er:sie den Fall weiterverfolgt oder nicht. Hilfe können sich Jugendamtsmitarbeiter:innen jederzeit anonymisiert bei einer erfahrenen Fach-

---

38   DIJuF, Rechtsgutachten JAmt 2008, S. 137; JAmt 2007, S. 470.

kraft (mit Zusatzausbildung Kindeswohlgefährdung) holen, um beispielsweise Tipps für die Gesprächsführung zu bekommen. Eine Unterlassung durch Jugendamtsmitarbeiter:innen wird nur dann sanktioniert, wenn Strafantrag gegen die Fachkraft gestellt wird. Das geschieht in der Regel sehr selten. Es hält sich hartnäckig das (Vor)-Urteil, Mitarbeiter:innen des Jugendamts wiesen nur unzureichende Kompetenzen auf und ihnen mangele es an Professionalität.

„Neben gegenseitiger Unkenntnis über die Kompetenzen und Grenzen der jeweiligen anderen Disziplin, gegenseitigen Vorurteilsstrukturen bzw. emotionalen Motiven, Kostendruck oder unklaren Verfahrensabläufen ist es nicht zuletzt fehlendes Wissen über die sozialen und datenschutzrechtlichen Grundlagen und Möglichkeiten interdisziplinären Handelns, das zu typischen Reibungsverlusten in der interdisziplinären Zusammenarbeit führt."[39]

Laut Studien wirkt darüber hinaus insbesondere die Zusammenarbeit zwischen Ärzt:innen und Sozialarbeiter:innen verhindernd, weil Ärzt:innen die Eltern zum Jugendamt schicken und es als ‚verschreibbare Leistung' deklarieren. Dadurch fühlen sich die Fachkräfte in den Jugendämtern bevormundet, weil es ihre Aufgabe wäre, zu entscheiden, ob Hilfestellung angemessen ist oder nicht. Das führt teilweise zu Abwehr und Untätigkeit.

„Statt auf Überheblichkeit mit Souveränität zu antworten, reagieren sie ihrerseits unangemessen und fordern die Ärzte bildlich gesehen auf, sich auf ihre Ebene hinab zu begeben."[40]

---

39 Fegert 2001; Fegert 2008.
40 Fegert 2008; Meysen/Schönecker/Kindler 2009.

„Diese Muster abzubauen und eine Kooperation auf-
zubauen, bei der sich die Beteiligten gegenseitig auf
Augenhöhe begegnen und respektvoll miteinander
umgehen, bedarf daher ständiger Bemühungen des
Zugehens aufeinander".[41]

Als Anwältin für Familienrecht erlebe ich es bei der Feststellung
der Erziehungsfähigkeit der Eltern in Sorgerechtsfällen häufig, dass
die Fachkraft des Jugendamtes in Abwehrhaltung geht und sich
zu rechtfertigen beginnt, obwohl weder Richter:in noch Rechtsan-
wält:in dazu Anlass gegeben haben. Aggressive Zeug:innenaussa-
gen in pampigem Ton sind vorherrschend. Teilweise wirkt die Risikoeinschätzung der Fachkraft des Jugendamts, als hätte sie den
Grad der Kindeswohlgefährdung überhaupt nicht erarbeitet. Sie
beruft sich lediglich auf ein bis zwei Erlebnisse und Antworten des
Kindes und macht daran die Entscheidung fest, ob das Kind beim
Vater oder der Mutter besser aufgehoben ist. Die Entscheidung
geht meist zugunsten desjenigen Elternteils aus, das juristisch gut
vorbereitet ist, die entsprechenden Stichworte gibt und familiale
Gegebenheiten schildert, die ein positives Bild auf das Verhältnis
zum Kind entwerfen. Die anwesenden Kinder wirken teils einge-
schüchtert und bejahen alles, was dort vorgetragen wird.

Es mangelt also zum einen an Wertschätzung gegenüber dem pädagogischen Personal, zum anderen wirkt dessen Verhalten (insbesondere vor Gericht) wenig professionell. Da Jugendamtsmitar-
beiteri:innen aber eine so wichtige Rolle im Prozess der Feststellung
der Kindeswohlgefährdung einnehmen, sollten sie entsprechend
gefördert und weitergebildet werden. Ein Weg dorthin wäre die
systematische, bundesweit einheitliche Anpassung von Lehrplänen
in der Berufsausbildung.

---

41   Ebd., S. 16ff., 85.

Es sollte das Fach Pädagogik als wissenschaftliche Disziplin mit pädagogischen Standards definiert werden. Dieser Pädagogische Standard ist in verbindlichen Leitlinien festzuhalten und sollte reaktionspflichtige Befunde beinhalten, die justiziabel sind.

Derzeit ist Rheinland-Pfalz dabei, diese Empfehlungen umzusetzen. Dort ist seit 2009 ein dramatischer Anstieg der Fälle von Kindeswohlgefährdung zu verzeichnen. Daher gehört zum rheinland-pfälzischen Konzept vor allem die systematische Erfassung und das Erkennen von Risikofaktoren, die Erforschung wirksamer Hilfskonzepte zur Förderung der Erziehungsfähigkeit (Abbau der Risiken und Aufbau der Kompetenzen der betroffenen Familien) und die entsprechende Qualifikation der Fachkräfte in den Jugendämtern.[42]

4.2 Fachkräfte der Medizin

Um den Zeitpunkt der Geburt herum werden in mehreren Bundesstaaten Kanadas, der USA und Australiens großflächig Risiko-Screening-Verfahren erfolgreich eingesetzt. Sie finden dort auch in der Bevölkerung Akzeptanz.[43] In Deutschland hingegen wird dieses Vorgehen von vornherein als „mechanische Handlungsmaxime"[44] abgelehnt, ohne auch nur den Versuch unternommen zu haben, sie punktuell einzuführen. Sowohl die Ärzt:innenschaft, die Landes- und Bundesregierungen sowie die Verbände der Berufsgeheimnisträger:innen lehnen diese Möglichkeit mit dem Argument ab, dass Zwang nicht der richtige Weg sei und Sensibilisierungs- und Aufklärungskampagnen genügen würden. Hier wird meiner Ansicht nach eine kostbare Chance vertan.

---

42   Meysen/Schönecker/Kindler 2009, S. 88.
43   U.S. Department of Health & Human Services 2013.
44   Kinderschutzleitlinien 2019.

Gerade bei den Kleinsten können am ehesten körperliche (meist irreversible) Verletzungen erkannt werden.[45] Laut Angaben von Ärzt:innen könnten durch die körperliche Untersuchung bereist bei mindestens 10 Prozent der Kinder Missbrauch festgestellt werden. Das bedeutet in Zahlen: Mindestens 6.000 Kinder könnten pro Jahr vor weiterer Misshandlung geschützt werden. Dennoch müssten Kinderärzt:innen besser geschult werden, damit sie im Rahmen der Untersuchungen nach den Kinderrichtlinien entsprechende Anzeichen als solche erkennen.

Der Fall Lügde verdeutlicht, wie betroffene Kinder durch das insuffiziente Raster des Wächterstaates fallen. Bei einem der betroffenen Mädchen bestand der Verdacht des sexuellen Missbrauchs und das Jugendamt ordnete die körperliche Untersuchung beim Kinderarzt an, ohne diesem vorher den Grund der Untersuchung mitgeteilt zu haben. Demgemäß fand keine ano-/genitale Untersuchung statt. Er befand das Kind für ‚gesund' und es wurde wieder in die Obhut des Täters gegeben, was das Leiden um weitere zwei Jahre verlängerte.

Die U-Untersuchungen ab Geburt beinhalten zehn Untersuchungen in den ersten sechs Lebensjahren. Die wesentlichen Untersuchungsergebnisse sind in einem U-Heft einzutragen. Fehlen Kinder bei diversen Untersuchungen, sollte die nächste Untersuchung besonders gründlich ausfallen, so die Richtlinie. Die U-Untersuchungen dienen in erster Linie dazu, die gesundheitliche Entwicklung eines Kindes zu beobachten und bei Bedarf weitere ärztliche oder therapeutische Behandlungsmaßnahmen und Vorsorgeleistungen zu sichern. Sie sind damit auch ein Instrument zur Feststellung von Anhaltspunkten für eine Kindeswohlgefährdung, insofern davon die Sicherung der gesundheitlichen Entwicklung des Kindes abhängt.

---

45   Herrmann et al. 2022.

Die Nichtteilnahme an den U-Untersuchungen ist daher ein erster Hinweis auf eine mögliche Gefährdung des Kindes, weil ihm möglicherweise Heilungschancen entzogen werden.

Allerdings wird in diversen Sozialrechtskommentaren[46] die Ansicht vertreten, die Nichtteilnahme habe keinerlei Aussagekraft. Schließlich sei nicht jedes Kind, das nicht der U-Untersuchung zugeführt wird, sexueller Gewalt ausgesetzt. Dies wird auch vom Bundesministerium für Familie, Senioren, Frauen und Jugendliche angenommen. Es führte diesbezüglich auf Anfrage aus: Die Nichtteilnahme sei von sich aus nichtssagend, sofern nicht weitere Auffälligkeiten vorhanden seien. Im Umkehrschluss bedeutet das allerdings, dass eben doch ein Teil der Kinder sexueller Gewalt ausgesetzt ist. Es wird lediglich nicht willentlich nach diesem Teil der Statistik gesucht. Wenn allerdings kein elterliches Interesse an der körperlichen wie psychischen Unversehrtheit des Kindes besteht, kann das ein Anzeichen dafür sein kann, dass das Kind nicht ausreichend versorgt wird. Die Chancen auf Kindeswohlgefährdung stehen fifty-fifty. Die juristische Bewertung widerspricht damit gänzlich der ärztlichen und psychologischen Bewertung.

Obwohl die von der *Arbeitsgemeinschaft der Wissenschaftlichen Medizinischen Fachgesellschaften e.V.* ausgearbeiteten Leitlinien die Faktoren benennen, anhand derer körperliche Symptome von Missbrauch festgestellt werden können, wird nicht die notwendige Konsequenz aus dieser Erkenntnis gezogen. So werden die praktizierenden Ärzt:innen (insbesondere Kinderärzt:innen) nicht ausreichend und sanktionabel verpflichtet, etwa eine Zusatzausbildung zu besuchen und Verdachtsfälle dem Jugendamt zu melden. Im Gegenteil soll jedwede Form von Zwang vermieden werden, weil sich erstens niemand an diese Vorschriften halten würde und es

---

46 DIJuF, Rechtsgutachten JAmt, 2008, S. 137; JAmt 2007 S. 470, Lehr- und Praxiskommentar, LPK-SGB VIII; Bringewat, Peter, 7.Aufl., 2018, SGB VII § 8a Rn 36 m.w.N.

daher zweitens keine Verbesserung der Situation bringen würde.[47] Damit ignorieren die Autor:innen der Leitlinie, was sie selbst an anderer Stelle lobend anerkennen. Dass nämlich die Zwangsregelungen im Ausland sehr erfolgreich wirken. Offensichtlich scheut man sich, derartige Vorschriften zu kontrollieren und entsprechend zu sanktionieren, was aus personellen und finanziellen Argumenten heraus erklärbar aber nicht akzeptabel ist.

4.3 Fachkräfte der Pädagogik

Neben den körperlichen Symptomen betreffen Auffälligkeiten vor allem das Verhalten des Kindes. Daher sind gerade Pädagog:innen, die täglich mit Kindern (vermehrt spätestens ab drei Jahren, im sogenannten Kindergartenalter) arbeiten, in der Position, Veränderungen im Verhalten als erste zu erkennen. Sie pflegen den regelmäßigen Umgang auch mit dem Umfeld des Kindes und können ihre Vermutung durch Gespräche mit dem Kind, den Eltern, Mitschüler:innen oder Kolleg:innen plausibilisieren. Hierzu bedarf es der Kenntnisse über die Risikofaktoren und Anzeichen einer Kindeswohlgefährdung, insbesondere des sexuellen Missbrauchs.

Fehlt aber das Wissen darüber, (1) wie ein Verdachtsfall erkannt wird, (2) wie darauf reagiert werden kann und soll und (3) welche Expert:in die passende Ansprechpartner:in ist, so ist eine Hilfe für das Kind eher unwahrscheinlich.

Darüber hinaus sollte in der Erzieher:innenausbildung die Vermittlung der allgemeingültigen demokratischen Werteordnung zum bundeseinheitlichen Standard erhoben werden. Und zwar in allen Institutionen, die mit Kindern arbeiten. Im Besonderen sollten die Ziele der Pädagogik abgesteckt und abgesichert werden, da es

---

47   Kinderschutzleitlinien, S. 3.

keinerlei Gewährleistung dafür gibt, dass Kinder in ihrem Elternhaus in demokratischen Strukturen aufwachsen. Die Aufgabe von Erzieher:innen sollte darin bestehen, den Kinder dabei zu helfen, eigenverantwortlich und demokratisch denkende Bürger:innen zu werden. Das bedeutet auch, sie gegebenenfalls vor den eigenen Eltern zu schützen. Die Notwendigkeit dieses Erziehungsideals wird anhand des folgenden Falls deutlich:

Das Verwaltungsgericht Schwerin hat im Jahr 2022 eine NPD-nahe Frau als Tagesmutter zugelassen. Die rechtsextremistische Gesinnung der Frau reiche aus Sicht des Gerichts nicht aus, um ihr die Erlaubnis zu verweigern, als Tagesmutter Geld zu verdienen. Hiergegen klagte die Tagesmutter. Der entsprechende Bescheid des Kreises wurde vom Gericht aufgehoben. Eine Gefährdung des Kindeswohls sah das Gericht nicht.

Diese Entscheidung konnte getroffen werden, weil es an entsprechenden Erziehungsstandards fehlt. Würden diese existieren, hätte das Gericht die rechtsextremistische Gesinnung als nicht vereinbar mit diesen Standards beurteilen können. Die Zulassung zur Tagesmutter wäre verhindert worden. Auch die Politik hat mittlerweile die Dringlichkeit des Problems erkannt:

So hat die Innenministerin, Nancy Faeser, anlässlich der Vorstellung des Demokratiefördergesetzes bei der Pressekonferenz am 14. Dezember 2022 einem Journalisten geantwortet, die Abschaffung und Reduzierung von Fächern wie Pädagogik, Psychologie, Philosophie, Sozialwissenschaften, Ethik oder Gemeinschaftskunde (beispielsweise in der Erzieher:innenausbildung) habe der Demokratie sehr geschadet. Sie wolle nun - nach der Razzia gegen Reichsbürger:innen, die als kriminelle Vereinigung gewertet wurden - die demokratischen Strukturen erneut festigen. Das Gesetz wurde einen Tag nach der Verhaftung von 19 Reichsbürgern verabschiedet, obwohl es bereits seit 2018 von der SPD politisch gefordert wird.

Die Gewalt gegen Bedienstete der Feuerwehr, des Rettungsdienstes und der Polizei am 31. Dezember 2022 in Berlin und Hamm und nunmehr am Altweiberdonnerstag in Trier wird auf die unzureichende Allgemeinbildung und das fehlende Bekenntnis zur freiheitlichen demokratischen Grundordnung zurückgeführt. Es muss gelehrt werden, was für ein kostbares Gut die Freiheit ist und dass Menschen für ihre individuellen Entfaltungsmöglichkeiten aktiv eintreten müssen. Ferner ist Freiheit nicht teilbar. Sie besteht nur, wenn sie für alle existiert. Menschen, die sich abgehängt und von der Teilhabe ausgeschlossen fühlen, tendieren dazu, die Werte der anderen zu zerstören. Der Staat und seine Helfer:innen werden zum Angriffsziel erklärt, weil sie die Bürger:innen im Stich lassen würden.

Die Anforderungen an Pädagog:innen sind vielschichtig und anspruchsvoll. Sie tragen sehr viel Verantwortung für junge Menschen, die selbst noch keine Verantwortung für sich übernehmen können.[48] Deshalb brauchen gerade sie ein entsprechendes Rüstzeug, was auch die eigene Psychohygiene anbelangt aber erst recht oben zitiertes evidenzbasierte Wissen der Sozialwissenschaft, Psychologie, soweit es den Bereich der Pädagogik betrifft.

Neben den allgemeinen Anforderungen sollte es auch erhöhte fachliche Anforderungen geben, die sich in verbindlichen, justiziablen „Pädagogischen Standrads" wiederspiegeln. Dabei sollte der pädagogische Standard als Maßstab dafür gelten, ob ein pädagogisches Handeln objektiv dem entsprechenden Fachgebiet (Kindergärtner:in, Sozialarbeiter:in usw. entspricht.

Standard sollte bedeuten, den jeweiligen Stand der naturwissenschaftlichen und pädagogischen Erkenntnis und die pädagogische Erfahrung, der sich in der praktischen Erprobung bewährt hat und dessen Einsatz zur Erreichung des pädagogischen Ziel erforderlich ist, bei der Beurteilung anzusetzen.

---

48 Meysen/Schönecker/Kindler 2009, S. 81.

Hierzu gehört es auch, Risikofaktoren für Kinder zu definieren, erkennen und wie darauf professionell zu reagieren ist. Auch ein Pflichtfach, dass sich ausschließlich dem Thema Kindeswohlgefährdung und Kindesmissbrauch widmet. Nur so können Verzögerungen oder gar Unterlassungen des gebotenen Handelns verhindert werden.[49] Wird dieses Wissen in den Universitäten zurückgehalten, verkommen Kindertageseinrichtungen zu ‚Bastelstuben‘ und ‚Verwahranstalten‘.

Hilfreich wäre es, einen pädagogischen Mindeststandard in Form von Leitlinien zu etablieren. Erst wenn Symptome verbindlich als reaktionspflichtige Befunde deklariert werden, ist der Schutz der Kinder fokussiert.

Es ist die Aufgabe politischer Fachgremien, diese Kriterien und pädagogischen Standards erarbeiten zu lassen. Andere Hinweise und Tatsachen auf Kindeswohlgefährdung im Sinne des Paragrafen 4 BKiSchG gilt es darüber hinaus zu definieren. Pädagogik ist keine exakte Wissenschaft, sodass die Leitlinien ungefähr alle fünf Jahre zu überprüfen und die Aussagen dort nachzuschärfen wären. Orientieren könnten sich die zuständigen Expert:innen an den reaktionspflichtigen Befunden in der Medizin.

Dort gibt es seit Jahrzehnten klare Anweisungen: Liegen bestimmte Symptome vor, die in Fachbüchern und Leitlinien aufgelistet sind, so müssen Ärzt:innen reagieren. Ziel ist es, herauszufinden, welche Ursachen ein bestimmtes Leiden oder ein Befund hat. Die Diagnostik erfolgt nach dem Ausschlussprinzip. Handelt eine Ärzt:in nicht nach diesen Vorgaben, liegt ein Verstoß gegen den medizinischen Standard und damit ein Behandlungsfehler vor.

Zwar lässt das Regelwerk der medizinischen Standards (Liste der reaktionspflichtigen Befunde) den Ärzten immer noch Handlungs-

---

49   Ebd., S. 13, 80, 125.

spielraum im ärztlichen Handeln, steckt aber den Rahmen dessen ab. Manche Ärzt:innen werden die Leitlinien vielleicht als ‚Zwangsjacke' empfinden. Notwendig ist er aber dennoch, um ihr Handeln justiziabel zu machen. Das müssen sich Ärzt:innen gefallen lassen. Das Arbeiten am Menschen ist mit diesem Regelwerk im Nacken sicherlich nicht einfach, aber möglich – und zum Schutz der Patient:innen nicht zu vermeiden.

Allen Berufsgruppen, die mit Kindern arbeiten, müsste die Einhaltung eines zu erarbeitenden pädagogischen Standards zuzumuten sein. Die Erstellung von Handlungsstandards ist deshalb besonders wichtig, weil die Jugendämter darauf angewiesen sind, dass sie von diesen Berufsgruppen entsprechend informiert werden.

4.4 Ehrenamtliche und andere Berufsgruppen

Schließlich sollten ebenso Erwachsene im Freizeit- und Sportbereich die Hinweise auf Kindesmissbrauch erkennen können und als Zulassungsvoraussetzung für ihre Tätigkeit neben einem erweiterten Führungszeugnis den entsprechenden Verhaltenskodex in speziellen Kursen (mit Abschlussprüfung) erlernen. Es sollte ferner Pflicht sein, das Thema auf Elternabenden in Freizeiteinrichtungen, in Kindergärten und Grundschulen zu etablieren. Die Institutionen würden damit klar signalisieren, dass sie gewillt und geschult sind, Missbrauch zu verhindern. Auch sollte folgendes Motto gelten: Wer Kindesmissbrauch aufdeckt, ist keine Denunziant:in!

Gerade im ehrenamtlichen Freizeitbereich wie Jugend- und Sportstätten sind die mit Kindern arbeitenden regelhaft mit der konfrontierten Kindeswohlgefährdung überfordert. Sie befinden sich in der sozialen Vernetzung eines Vereins, der ihnen selbst viel Erfüllung und Sozialleben beschert, so dass oft aus Überforderung, Unkenntnis und falsch verstandener Loyalität geschwiegen wird.

Leider findet überhaupt keine staatliche Kontrolle der pädagogischen Führung einer Freizeiteinrichtung statt. Sie unterliegen damit der Selbstkontrolle und sind auch nicht durch Dokumentation Rechenschaft pflichtig. Dies Manko zeigt sich zum einen im Rahmen der Sportverbände, Kirchenverbände und anderen Freizeiteinrichtungen als fatal, da dort die meisten Missbrauchsfälle anzutreffen sind. Dort wird ferner am meisten geschwiegen.

Es sollten verbindliche Leitlinien als Verhaltenskodex und Schulungsverpflichtungen geben; die Freizeiteinrichtung sollte der staatlichen Kontrolle unterzogen werden.

Insoweit reicht es nicht, den jeweiligen Einrichtungen die Pflicht aufzuerlegen, selbst Schutzkonzepte zu entwickeln, die teilweise aus dem Internet von anderen Häusern übernommen werden, ohne diese zu kontemplieren und von oben nach unten zu kommunizieren, damit sie in der täglichen Arbeit auch Beachtung finden.

5. Handlungsempfehlungen

In der Jurisprudenz gibt es viele Fälle, in denen verschiedene Rechtsgüter oder Interessen einzelner Personen oder Gruppen sich gegenüberstehen. Die Güterabwägung ist eine Methode des Rechts und der Ethik. Sie dient dazu, entstandene Konflikte zu lösen. Dem liegt die Einsicht zugrunde, dass menschliches Handeln im Zusammenspiel mit komplexen Bedingungen vollzogen wird. So findet die Beurteilung der Vorzugswürdigkeit einer Handlungsoption auch unter normativen und moralischen Gesichtspunkten statt. Was zu tun ist, erweist sich nicht intuitiv, es liegt nicht auf der Hand, sondern es kommt darauf an, dass Situationen ‚richtig' wahrgenommen, die relevanten Prinzipien korrekt erkannt und die Umstände umfassend berücksichtigt werden. Werte können sich dabei gleichwertig oder hierarchisch gegenüberstehen.

Bei der Interessenabwägung des Kindeswohls (inklusive der Gefahr für Leib und Leben) gegen das Interesse der potenziell betroffenen Erwachsenen (wie Verschwiegenheit, Datenschutz, Schutz vor Generalverdacht oder falschen Verdächtigungen) sollte regelhaft für das Kind entschieden werden.

Bei einem Verdachtsfall auf Kindeswohlgefährdung stehen sich im Sinne der Güterabwägung folgendes Recht gegenüber: zum einen das Recht der Eltern (Leumund, Persönlichkeitsrecht) und zum anderen das Recht des Kindes (Leib und Leben). Gerade in Anbetracht der lebenslangen Folgen von Missbrauch sollte - auch für den Fall, dass sich der Verdacht nicht erhärtet und das Kind wieder seinem Umfeld zugeführt werden kann - eine sich später als unberechtigt darstellende Verdächtigung in Kauf genommen werden.

5.1 Schutzbedürftigkeit anerkennen

Sind Hinweise auf Kindesmissbrauch augenfällig, müssen die zuständigen professionellen Erwachsenen zügig und aktiv Handeln. Auch wenn es teilweise für die geschädigten Kinder schmerzhaft ist, wenn sie ihr gewohntes Umfeld verlassen müssen, ist dies der einzig gangbare Weg, um die Täter-Opfer-Beziehung zu unterbrechen. Die Realität in Deutschland sieht leider anders aus, weil es auf allen Ebenen des Helfersystems an notwendigen Qualifikationen und Konventionen mangelt. Statt schnell und aktiv einzugreifen, scheint die Devise *Wait and watch* zu greifen. Das ist besonders verwunderlich und vor allem ärgerlich, weil in anderen Situationen, in denen es ebenfalls um Gefahrensituationen geht, beispielsweise bei psychisch kranken Menschen mit Verdacht auf Eigen- und/oder Fremdgefährdung, sehr schnell und effektiv agiert wird. So greift das staatliche Helfersystem mittels Polizei ein, um die Betroffenen auf direktem Wege der geschlossenen Psychiatrie zuzuführen, sie zu fixieren und einzusperren, wenn dies erforderlich sein sollte. Dazu brauchen Neurolog:innen lediglich ein Kurzattest auszustellen, das innerhalb von 48 Stunden einer Richter:in vorgelegt werden muss. Diese:r stellt dann den Unterbringungsbeschluss aus.

Obwohl es also ähnliche Ausgangsvoraussetzungen gibt – das minderjährige Kind kann sich ebenso wenig schützen wie eine psychisch beeinträchtigte Person –, wird im Falle des Verdachts auf Kindeswohlgefährdung oder Kindesmissbrauch nicht die Perspektive des betroffenen Kindes eingenommen, sondern die des Umfeldes und damit möglicherweise der Täter:innen.

Entsprechend sind auch die Maßnahmen, die Kindesmissbrauch verhindern sollen, halbherzig, weil sich die Angebote bis auf wenige Ausnahmen (etwa das Sorgentelefon) nicht an das Kind oder die Jugendlichen richten, sondern versuchen, das Helfersystem zu aktivieren (Beschwerdestelle, Plakate, Internetseiten, Aufklärungs- und Sensibilisierungskampagnen).

5.2 Antidiskriminierungsarbeit leisten

Wer fahrlässig einen falschen Verdacht äußert, begeht eine Straftat, die als falsche Verdächtigung geahndet wird. Die Angst, eine falsche Verdächtigung auszusprechen und dafür belangt zu werden, kann minimiert werden, wenn es einen Katalog mit klar definierten Hinweisen auf Missbrauch geben würde. Personen, die einen Verdacht hegen, könnten ihn anhand der entsprechenden Kriterien überprüfen und auf diesem Wege eine (zumindest vorläufig) richtige Entscheidung treffen, nämlich den Verdachtsfall melden.

Es braucht also einen selbstverständlichen Umgang mit Verdachtsmomenten sowie eine gesellschaftliche Akzeptanz der Überprüfung. Nur so würde weder die Person, die den Verdacht äußert, noch die Person, die überprüft wird, Diskriminierung ausgesetzt sein.

Durch dieses Vorgehen würden auch Ängste von Eltern abgebaut, die jederzeit davon ausgehen könnten, dass Leib und Leben ihres Kindes geschützt wird. Es ist nicht einzusehen, wieso aus Rücksicht auf das Umfeld, die Verdachtsfälle nicht ausreichend geprüft werden. Kinder sind vor sexuellem Missbrauch in jedem Fall zu schützen, ohne Wenn und Aber. Es gibt keine ‚guten Gründe', dies nicht zu tun.

Ein erstes Zeichen für einen Wertewandel in Richtung der Antidiskriminierung von sogenannten Whistleblower:innen oder Menschen, die Missstände und Missetaten aufdecken, wurde mit dem EU-Whistleblower-Gesetz gesetzt. Bis Ende 2021 sollten zum Schutz von Hinweisgeber:innen alle EU-Staaten die EU-Whistleblower-

Richtlinie in ihre nationalen Gesetze integrieren. Sie besagt, dass Organisationen mit mehr als 50 Mitarbeitenden, Gemeinden ab 10.000 Einwohner:innen sowie Behörden und Einrichtungen des öffentlichen Dienstes sichere interne Meldemöglichkeiten für Hinweisgeber:innen bereitstellen müssen. Auf diese Weise sollen Hinweisgeber:innen vor Kündigungen oder Ähnlichem geschützt werden. Entgegenstehende Geheimhaltungsklauseln in Firmen, wie sie bei Tesla oder Meta üblich sind, sind insoweit unwirksam. In Deutschland muss das Gesetz noch durch den Bundestag.

5.3 Verhaltensregeln einführen

Hinweise auf (sexuellen) Missbrauch zu erkennen und diesen nach-zugehen, ist eine kognitive Leistung. Daher ist zu ihrer Bewältigung Wissen erforderlich. Die emotionale Sensibilisierung im Sinne von Achtsamkeit, wie sie oft von Ministerien, Berufsgruppen oder Ver-einen gefordert wird, ist zwar ebenso von Bedeutung, wichtiger aber ist es, einen professionellen Blick auf das Geschehen zu wer-fen, das Bewusstsein zu schärfen und objektiv begründbare Ent-scheidungen zu treffen.[50]

Das Gute ist emotional zu besetzen und dem Bösen mit Verstand zu begegnen. Das Gute (Kinderschutz) ist zu belohnen und das Böse (Kindesmissbrauch) zu sanktionieren. Nur so können wir (sozialen) Normen Geltung verschaffen und konkrete Verantwortungs-übernahme herstellen.

---

50 Brückner 2022.

Fehlt es an klaren Handlungsanweisungen, verfallen Menschen in Stresssituationen - teilweise aus Angst, etwas falsch zu machen oder mit Angehörigen oder Kolleg:innen in Konflikt zu geraten - in Schockstarre. Sie entscheiden sich also dazu, nichts zu tun, passiv zu bleiben. Damit schützen sie die Täter:innen und verlängern das Leiden der Opfer. Sie handeln entgegen ihrer eigenen Moral.[51] Eine generelle Sensibilisierung der Gesellschaft und der entsprechenden Berufsgruppen allein - das belegen die aktuellen Zahlen - wird das Schweigen und Wegschauen nicht beenden. Kindesmissbrauch existiert und findet statt, obwohl das Umfeld sensibel ist. Was fehlt, ist der professionelle Umgang mit Verdachtsmomenten und eine Pflicht zur Meldung von Verdachtsfällen.[52]

5.3.1 Meldepflicht ans Jugendamt

Insoweit ist es erstaunlich, dass der Abschlussbericht von der *Unabhängigen Beauftragten für Fragen des sexuellen Kindesmissbrauchs* (UBSKM)[53] in Auftrag gegebenen Studie ergab, dass sensibilisierende und aufklärerische Maßnahmen - ergänzt um Fortbildungen, die aber keine Pflicht sind - ausreichten. Das verwundert nicht, denn in dieser Studie wurde die Erwachsenenperspektive erhoben und beispielsweise in Kindergärten, Schulen oder Freizeiteinrichtungen gefragt, wie in den Einrichtung Kindesmissbrauch behandelt wird.

Genannt wurden unter anderem konkrete Verhaltensregeln, sogenannte Gos und No-Gos. So solle etwa vor Betreten eines Zimmers angeklopft werden oder Körperkontakt ganz vermieden werden. Die Befragten führten aus, dass die Regelwerke jedoch nicht zu umfangreich sein sollten, da sie sonst selbst zur Hürde würden und sich niemand mit ihnen befassen wolle. Da nicht jede mögliche grenzverletzende Situation oder Verhaltensweise berücksichtigt

---

51 Falk 2022.
52 Brückner 2022.
53 Kappler et al. 2019.

werden könne, sei es außerdem schwierig, die richtige Mischung zwischen allgemeinen Aussagen und konkreten Beispielen zu finden. Diese Mischung stehe nicht ein für alle Mal fest. Stattdessen seien immer wieder Diskussionen zu führen und Nachjustierungen vorzunehmen. Hier drückt man sich offensichtlich vor Verantwortung und will keine Handlungspflichten.

Obwohl sich die befragten Einrichtungen durchaus als Schutzort für die Kleinen und Kompetenzort für die Größeren verstanden wissen wollen, konnten sie keine entsprechenden Fortbildungen (Symptome und Hinweise auf Kindeswohlgefährdung erkennen) nachweisen. Auch Handlungspflichten wünschen sie nicht, gleichwohl sich Mitarbeiter:innen in Freizeiteinrichtungen wie Ferien- oder Sportstätten - wo mit Kindern emotional besetzte Körperarbeit geleistet wird, die auch zu Körperkontakt zwischen Erwachsenen und Kindern führt - mit dem Thema überfordert sehen. Daher seien Beschwerdestellen mit 24-Stundendienst für diese Einrichtungen besonders wichtig, so die Studie.

Der Gemeinsame Bundesausschuss hat wohl infolge dieser Studie 2020 „Aktuelle Vorgaben zu Schutzkonzepten" beschlossen. Alle Einrichtungen der Kinder- und Jugendhilfe sowie Kitas und Tagespflegeeinrichtungen sind nunmehr verpflichtet, ein Schutzkonzept gegen Gewalt vorzulegen. Wie ein solches Konzept in einem partizipativen Prozess im Team erarbeitet werden kann und welchen Inhalt es aufweisen soll, wird aber der einzelnen Einrichtung überlassen. Freizeiteinrichtungen werden von dieser Regel nicht einmal erfasst. Es bleibt also die Frage, wer welche Kompetenzen erwerben muss und wer für welche Aufgaben zuständig ist. Welche Schutzkonzepte müssen also durch wen durchgesetzt werden?

Alle mit Kindern Arbeitende und gerade ehrenamtlich Tätige müssen über Kindeswohlgefährdung und insbesondere Missbrauch so viel wissen, dass sie Verdachtsfälle an das Jugendamt weiterleiten können. Sie müssen um den Straftatbestand der unter-

lassenen Hilfeleistung wissen, da im Freizeitbereich die meisten Missbrauchsfälle anzutreffen sind. Insoweit sollte eine Meldepflicht an das Jugendamt etabliert werden.

In Ländern wie den USA, Australien oder Irland besteht eine Pflicht, Verdachtsfälle an das Jugendamt zu melden. Dort werden wesentlich mehr Fälle gemeldet. Außerdem sind die U-Untersuchungen für alle Kinder Pflicht. Auch durch sie werden viele Fälle entdeckt. Die entsprechenden Regelungen in den USA zeigen, dass die Misshandlungsfälle rückläufig sind.[54] Es ist also zu erwarten, dass auch in Deutschland die Einführung einer Meldepflicht ans Jugendamt zu einer Verbesserung der Situation der betroffenen Kinder und Jugendlichen führen wird.

Aus der Befugnis- und Soll-Vorschrift sollte eine Muss-Vorschrift werden. Die Meldepflicht sollte im BKiSchG installiert werden.
Gibt es nämlich weder justiziable Muss-Vorschriften noch einen pädagogischen justiziablen Standard und auch keinen verbindlichen Verhaltenskodex für Ehrenamtliche, überlässt man es dem Zufall, ob und wie im Falle des Kindesmissbrauch gehandelt wird.

Zudem müssten Kontrollsysteme etabliert werden, so wie sie in der Altenpflege bereits Standard sind. Altenheime werden regelmäßig vom Medizinischen Dienst kontrolliert. Es besteht außerdem eine Dokumentationspflicht der Pflege und Beherbergung von alten Menschen und es finden (angemeldete) Kontrollbesuche der Institutionen statt. Gleiches sollte auch für Freizeitstätten für Kinder etabliert werden, weil es der ständigen Kommunikation, Diskussion und Kontrolle bedarf, um abzusichern, dass die institutionalisierten Werte auch tatsächlich gelebt werden.[55]

---

54 Das USA-Pflichtmeldesystem verzeichnet 60.000 bis 80.000 Fälle mit rückläufiger Tendenz (U.S. Department of Health & Human Services 2012).
55 El-Maafalani 2021; Falk 2022.

5.3.2 Multiprofessionelle Kinderschutz-gruppen

Vor diesem Hintergrund sollte in jedem Bundesland ein multiprofessionelles Team von Expert:innen, bestehend aus spezialisierten Ärzt:innen, Sozialarbeiter:innen und Psycholog:innen, eingesetzt werden, die im Sinne einer Kinder- und Jugendschutzgruppe aktiv werden und als Missbrauchskonferenz im Jugendamt installiert werden. In der Schweiz hat sich ein solches System bewährt. Kinder werden dort viel schonender befragt, da die Fachkräfte routiniert sind. Ihre Sicherheit und Selbstverständlichkeit übertragen sich auf das Kind, was entlastend wirkt.

Der Vorteil einer eigens zum Zwecke der Abklärung von Verdachtsmomenten eingerichteten Stelle führt auch zur Entlastung der Fachkräfte aus Jugendämtern, Tagespflegeeinrichtungen, Kindergärten oder Schulen, weil die Arbeit vor Ort nicht mit dem Thema belastet und das vertrauensvolle Miteinander nicht gefährdet wird. Ferner entfällt das Agieren im Verborgenen, das diskrete und möglichst unauffällige Ausspionieren und Befragen von etwaigen Geheimnisträger:innen, das häufig in Suggestivfragen endet, weil die Zeit fehlt, sich intensiv und sensibel dem Fall zu widmen.

Ein professioneller Umgang und eine kindergerechte Umgebung vermitteln den Kindern und Jugendlichen ausreichend Sicherheit, über ihre Erlebnisse berichten und sich auf den Prozess einlassen zu können. Sie fassen leichter Vertrauen und fühlen sich als Mensch auf Augenhöhe wahrgenommen.[56]

Die Finanzierung eines solchen flächendeckenden Netzes von Fachleuten wäre für den Staat und damit die Gesellschaft letztendlich ‚billiger‘, als die Nachsorge der traumatisierten Opfer zu leisten.

---

56 Herrmann et al. 2022.

Insofern ist es enttäuschend, dass selbst die Leitlinien S3 nicht diesen wichtigen Schritt zur Einrichtung einer Fachstelle gehen, sondern lediglich eine anonymisierte Beratung empfehlen. Die Erstabklärung solle weiterhin von einer Person vor Ort durchgeführt werden. Erst nach Erhärtung des Verdachts ist die Übergabe des Falls an professionelles Personal angeraten.

Dieses Angebot soll greifen, sofern auch die Erziehungsberechtigten ihre Zustimmung dazu geben. Der Leitfaden widerspricht sich also, weil er auf der einen Seite sofortiges und professionelles Einschreiten als Zielvorgabe verlangt und auf der anderen Seite dieses lediglich als Angebot bereithält. Es ist also davon auszugehen, dass sich Täter:innen durch dieses ‚Schlupfloch' leicht der weiteren Befragung entziehen können.

„Jeder Fachkraft, die eine somatische oder psychologische Untersuchung bei einem potentiellen Opfer von emotionaler, körperlicher oder sexueller Gewalt durchführt, sollte sich gewahr sein, dass die Betroffenen auf bestimmte Reize während der Untersuchung (z.B. Berührungen, Fragen) teilweise wegen traumatischen Wiedererinnerung auch mit Schreck, Erstarrung oder Angst reagieren können. Deshalb ist es einerseits wichtig, sich ausreichend viel Zeit für die Aufklärung zu nehmen und dabei auch sehr transparent darüber zu sprechen, wo die Betroffenen wie und warum berührt werden und mit welcher Intention welche Fragen gestellt werden."

Eine Befragung von Kindern und Jugendlichen durch geschultes Personal ist *Teil der Diagnostik* zur Feststellung einer Misshandlung, eines Missbrauchs und/oder einer Vernachlässigung. Sie dient primär der strukturierten Exploration von Geschehnissen und bietet den Kindern und Jugendlichen die Möglichkeit, selbst zu Wort zu kommen. Im Gegensatz dazu sind (erste) Gespräche zwischen Fachkräften und Kindern und Jugendlichen nicht Teil eines diagnostischen Verfahrens, sondern *Teil der Partizipation*. Sie dienen der Exploration von Gefühlen, Meinungen und Wünsche. In den Leitlinien wird trotz Anerkennung der besonderen Herausforderung im Umgang mit Kindeswohlgefährdungen nicht darauf gepocht, den Prozess zu professionalisieren.

„Die Schulung von Mitarbeitern, die mit Kindern und Jugendlichen in Kontakt treten und möglicherweise deren erste Aussagen zu KWG aufnehmen ist notwendig. Kenntnisse in Gesprächsführung, Dokumentation (auch unter strafrechtlichen Gesichtspunkten) sind notwendig. Forensische Interviews könnten hier als Ergänzung hilfreich sein. Die derzeitige Datenlage lässt aber eine generelle Präferenz für diese Interviews nicht zu. Zudem sind in der Übertragbarkeit solcher Instrumente Besonderheiten im Versorgungssystem in Deutschland ebenso wie im Rechtssystem zu beachten [...] In Analogie zum vieldiskutierten verpflichtenden Hausbesuch bei Verdacht auf KWG durch die Jugendämter im Rahmen des BKiSchG sehen wir hier die Gefahr einer mechanistischen Herangehensweise, die der differenzierten Bedarfslage von Minderjährigen in der Situation nicht entspricht und keinen Mehrwert im Sinne des Kinderschutzes hat. Zudem ist fraglich, ob ein Instrument mit Zertifizierung, das möglicherweise wirtschaftliche Interessen verfolgt, an dieser Stelle empfohlen werden kann."

Ein multiprofessionelles Team, das in einem anderen Setting agiert als die Fachkräfte vor Ort, läuft weniger Gefahr, in eine mechanische Herangehensweise zu verfallen, als eine unerfahrene Fachkraft, die möglicherweise aus persönlichen Gründen (wie Ärger mit der Chef:in, eigene Missbrauchserfahrungen) gar kein Interesse an einer Aufklärung oder Auseinandersetzung hat. Die Einrichtung des professionellen Helfersystems muss nicht zwingend an externe

Dienstleister:innen ausgelagert werden. Der Vorwurf der Profitgier ist also vollkommen unbegründet.

Dass die Leitlinien mit teilweise veralteten Vorstellung des Versorgungs- und Rechtssystems in Deutschland argumentieren, mag daran liegen, dass sie sich teilweise auf Autor:innen beziehen, die bereits vor 20 Jahren zu diesem Thema Bücher verfasst haben. Hier bedarf es dringend einer Revision und der Anknüpfung an aktuelle Forschungsergebnisse.

Schluss

Es sollte dem Gesetzgeber daran gelegen sein, dass einzelne Gesetze ineinandergreifen und sich nicht widersprechen. Nur so können Werte, die für alle Gesellschaftsmitglieder gelten, auch gelebte Realität werden. Anderenfalls bleiben sie Lippenbekenntnis und tragen sogar noch zur Verschlimmerung der Situation bei, indem sie Schlupflöcher bieten.

Wer nicht weiß, was er tun kann oder soll, unterlässt es zu handeln. Um Kinder und Jugendliche aber vor Missbrauch zu schützen, ist genau das Gegenteil gefordert: Hinsehen und zupacken.

Die Garanten des Kindeswohls haben - auch wenn sie zu den Berufsgeheimnisträger:innen zählen - in erster Linie die Pflicht, ihr Handeln und Unterlassen im Rahmen der Gesetze zu erklären. Sie müssen zum Wohl des Kindes handeln und tragen daher eine klare Verantwortung.

Ihre unzureichende Ausbildung und Ihr Schweigen sind nicht hinnehmbar. Umso schwerwiegender ist die Feststellung, dass das Bundeskinderschutzgesetz, das eigens dem Schutz des Kindeswohls dienen sollte, keine Neuerung bringt. So wird die Privatsphäre von Eltern und Erzieher:innen hervorgehoben als Not des Kind oder die Jugendlichen vor ihren Peiniger:innen.

Das im Falle von Kindeswohlgefährdung greifende Hilfesystem bleibt weit hinter den Erwartungen zurück. Es mangelt sowohl an verpflichtenden medizinischen und psychologischen Untersuchungen als auch an ausreichend Anreizen, Verdachtsfälle an eine qualifizierte Fachstelle zu übergeben. Umso professioneller der Umgang mit dem etwaigen Missbrauchsfall - mit dem Menschen und seinen Verletzungen - ist, desto schonender und heilender kann der Prozess für die Betroffenen verlaufen. Es gilt also präventiv aktiv zu werden und gleichzeitig so effektiv wie möglich die Chancen zur Heilung zu fördern.

Literatur

Allroggen, Marc; Gerke, Jelena; Rau, Thea; Fegert, Jörg M. (2018): Umgang mit sexueller Gewalt in Einrichtungen für Kinder und Jugendliche. Eine praktische Orientierungshilfe für pädagogische Fachkräfte, Hogrefe.

Arbeitsstab des Unabhängigen Beauftragten für Fragen des sexuellen Kindesmissbrauchs, https://www.bmfsfj.de/bmfsfj/ministerium/behoerden-beauftragte-beiraete-gremien/unabhaengige-beauftragte

Barth, Michael (2022): Expertise – Gewichtige Anhaltspunkte für Kindeswohlgefährdung, Nationales Zentrum Frühe Hilfen (NZFH) (Hg.), https://doi.org/10.17623/NZFH:QE-GAfK-E.

Brückner, Fabian (2022): Kinderschutz achtsam und zuverlässig organisieren. Kartenset mit 126 Fragekarten und 16-seitigem Booklet, Beltz-Juventa Verlag.

Dettenborn, Harry (2014): Kindeswohl und Kindeswille. Psychologische und rechtliche Aspekte, Ernst Reinhardt Verlag.

Dietrich, Frank; Zanetti, Veronique (2014): Philosophie der internationalen Politik, Junius Verlag.

El-Maafalani, Aladin (2021): Wozu Rassismus? Von der Erfindung der Menschenrassen bis zum rassismuskritischen Widerstand, Kiepenheuer&Witsch.

Els, Michael (2014): Übergriffe in der Kita. Vorbeugen, erkennen und eingreifen, Juventa Verlag.

Falk, Armin (2022): Warum es so schwer ist, ein guter Mensch zu sein … und wie wir das ändern können, Siedler Verlag.

Fegert, Jörg M.; Berger, C.; Klopfer, U., Lehmkuhl, U. Lehmkuhl G. (2001): Umgang mit sexuellem Missbrauch, institutionelle und individuelle Reaktion, Münster, Votum, Monografie

Fegert, Jörg M. (2008): „Vorschläge zur Entwicklung eines Diagnoseinventars sowie zur verbesserten Koordinierung und Vernetzung im Kinderschutz", in: Ziegenhain, Ute; Fegert, Jörg M. (Hg.): Kindeswohlgefährdung und Vernachlässigung, München, Ernst Reinhardt Verlag, S. 195-206.

Goldbeck, Lutz; Laib-Koehnemund, A.; Fegert, Jörg M. (2007): „A Randomized, Controlled Trial of a Program of Expert-Assisted Case Management of Child Abuse And Neglect", in: Child Abuse and Neglect, 31 (9), S. 919-933.

Hampe, Michael (2017): Das vollkommene Leben. Vier Meditationen über das Glück, Hanser Verlag.

Herrmann, Bernd; Dettmeyer, Reinhard; Banaschak, Sibylle; Thyen, Ute (2022): Kindesmisshandlung. Medizinische Diagnostik, Intervention und rechtliche Grundlagen. Heidelberg, Berlin, New York, Springerverlag, 4. Auflage.

Kaplan, Rich; Adams, Joyce A.; Starling, Suzanne P.; Giardino, Angélo P. (2011): Medical Response to Child Sexual Abuse. A Resource for Professionals Working With Children and Families, St. Louis: STM Learning.

Kappler, Selina; Hornfeck, Fabienne; Pooch, Marie-Theres; Kindler, Heinz; Tremel, Inken (2019): Kinder und Jugendliche besser schützen – der Anfang ist gemacht. Schutzkonzepte gegen sexuelle Gewalt in den Bereichen: Bildung und Erziehung, Gesundheit, Freizeit.

Kerschke-Risch, Pamela (Hg.) (2022): Sexuelle Gewalt gegen Kinder. Hintergründe – Zusammenhänge – Erklärungen, Kohlhammer Verlag.

Kinderschutzleitlinien (Hg.) (2019): AWMF S3+ Leitlinie Kindesmisshandlung, -missbrauch, -vernachlässigung unter Einbindung der Jugendhilfe und Pädagogik (Kinderschutzleitlinie), aktualisiert am 03.01.2022.

Kindler, Heinz; Sann, Alexandra (2007): „Frühe Hilfen zur Prävention von Kindeswohlgefährdung", in: Kind Jugend Gesellschaft, 52 (2), S. 42-45.

Leitlinien zur Einschaltung von Strafverfolgungsbehörden, Jugendamt Springer Verlag 2012, https://www.bmj.de/SharedDocs/Publikationen/DE/Verdacht_Kindesmissbrauch_Einrichtung.html

Maywald, Jörg (2012): Kinder haben Rechte. Die Kita als sicherer Ort für Kinder, Herder Verlag.

Maywald, Jörg (2014): Kindeswohl in der KiTa, Herder Verlag.

Maywald, Jörg (2019): Gewalt durch pädagogische Fachkräfte, Herder Verlag.

Meysen, Thomas; Schönecker, Lydia; Kindler, Heinz (2009): Frühe Hilfen im Kinderschutz, Juventa Verlag.

Neiman, Susann (2006): Das Böse Denken. Eine andere Geschichte der Philosophie, Suhrkamp Verlag.

Newsletter der **Arbeitsgemeinschaft Kinderschutz in der Medizin (AG KiM),** 5. Jg., 4. Quartal 2015 vom 22.12.2015, https://www.dgkim.de/dateien/att00035.pdf.

Pereda, Noemí; Guilerab, Georgina; Fornsa, Maria; Gómez-Benito, Juana (2009): „The International Epidemiology of Child Sexual Abuse. A Continuation of Finkelhor (1994)", in: Child Abuse Negl 33 (6), S. 331-342.

Pülschen, Susanne (2013): „Sexueller Kindesmissbrauch. Pädagogisches Handeln im Verdachtsfall", 31.08.2022, in: Feyert, Jörg; Spröder, Nina u.a. (Hg.): Sexualisierte Gewalt gegen Kinder. Sexueller Missbrauch, Zeugnisse, Botschaften, Konsequenzen, Juventa Verlag.

Rassenhofer, Miriam; Berthold, Oliver; Kliemann, Andrea; Ziegenhain, Ute; Hoffmann, Ulrike (2022): Ratgeber Misshandlung und Vernachlässigung. Informationen für Eltern, Lehrkräfte und weitere Bezugspersonen, Hogrefe Publishing.

Richstein, Karl H.; Tschan, Werner (2020): Weiterbildung zur Prävention sexualisierter Gewalt. Das Modellprojekt des Erzbistums Freiburg im Breisgau, 2. Auflage, Beltz-Juventa Verlag.

Sierau, Susan; Glaesmer, Heide (2009): Eltern-Belastungs-Screening zur Kindeswohlgefährdung (EBSK) von G. Deegener, G. Spangler, W. Körner & N. Becker, Hegrefe.

Stoltenborgh, Marije; van Ijzendoorn, Marinus H.; Euser, Evelin M.; Bakermans-Kranenburg, Marian J. (2011): „A Global Perspective on Child Sexual Abuse. Meta-Analysis of Prevalence Around the World", in: Child Maltreat 16 (2), S. 79-101.

Stoppel, Martin; www.paedagogikundrecht.de

U.S. Department of Health & Human Services (2013): Child Maltreatment 2012, www.acf.hhs.gov/programs/cb/resource/child-maltreatment-2012 (zuletzt eingesehen am 16.02.2023).

Wazlawik, Martin; Christmann, Bernd; Böhm, Maika; Dekker, Arne (Hg.) (2020):

Perspektiven auf sexualisierte Gewalt. Einsichten auf Forschung und Praxis, Springer-Verlag.